참 그리스도인
국희종 선생을 바라보다

임중기 엮음

시와사람

이 도서의 국립중앙도서관 출판예정도서목록(CIP)은 서지정보유통지원시스템 홈페이지(http://seoji.nl.go.kr)와
국가자료종합목록 구축시스템(http://kolis-net.nl.go.kr)에서 이용하실 수 있습니다.
(CIP제어번호 : CIP2020012586)

참 그리스도인
국희종 선생을 바라보다

고 국희종 선생 송덕비 제막식

순창군

장하다 순

맑고 깨끗한 영혼으로 다가올 시대를 진단하고 민족의 안위와 국가 장래
를 염려하신 이 땅의 선구자요 독립전도자이신 혜인 국희종선생은 1960년
정신과 물질에서 곤궁하며 무의촌으로 현대의술에서 소외되었던 복흥면
정산리에 "혜인의원"과 교회를 설립, 가난한 환자들에게는 무료진료, 중환
자들에게는 수술주선, 굶주리는 사람들에게는 식량을 아낌없이 베풀었고
기독교 전파에 힘썼으며 답동의 '복음 농민의숙'에서 어린 영혼들을 교육
하여 민족의 혼 불을 지피시려 혼신의 힘을 다하셨다. '광주기독의사회'를
이끌며 후배의사들에게 의술이 생명을 살리는 인술이 되도록 인도해 환
자들로부터는 가마골 성자로, 가난한 자들의 아버지로, 한국의 슈바이처
로 일컬음 받았다. 선생의 본관은 담양으로 1926년 2월 전남 목포에서 부
란취병원의사인 부친 국순홍(鞠淳弘) 선생과 모친 최명순(崔明順)여사
의 2남 7녀 중 장남으로 태어나 1948년 6월 광주의과대학 전문부를 졸업한
후 1959년 8월 해병대 의무소령으로 전역 후 여수 애양원에서 나(癩)환자
들을 돌보다가 무의촌인 복흥으로 들어와 반평생을 복흥 사람들과 동고
동락하였다. 복흥에 있을 때나 떠나 있을 때나 한결같이 복흥을 사랑하
고, 복흥 사람들을 위해 모든 것을 아낌없이 바치시다 자신을 위해서는
아무 것도 남기지 않으신 채 1999년 5월 8일 소천하여 모랭이 안쪽 느트실
에 잠들어 계신다. 혜인 국희종선생 서거 11주년에 즈음하여 복흥 면민들
이 선생님의 높은 뜻을 기려 이비를 세웁니다. 2010년 5월

獨立傳道者
惠人 鞠喜棕 先生 頌德碑

화장실
獨立傳道者
惠人 鞠喜棕 先生 頌德碑

獨立傳道者
惠人 鞠喜棕 先生 頌德碑

순창군

발간사

국희종 선생은 참 그리스도인이었다

임중기

국희종 선생은 1948년에 광주의학전문학교(전남대학교 의과대학 전신)를 졸업한 의사로, 독실한 그리스도인이었습니다. 부친 또한 경성의학전문학교(서울대학교 의과대학 전신)를 나온 의사로서, 아들이 당신의 병원을 맡아주기를 바랐지만 막상 국희종 선생은 그리스도복음 전도의 길을 찾고 있었습니다.

선생은 부유한 집의 장남입니다. 그렇기에 1958년도에 해군 군의관에서 전역 후 아버지의 뜻을 따랐다면 병원경영은 물론이요, 사회적으로도 큰일을 할 수 있었을 것입니다. 그러나 군의관 시절에 "진해 여좌동 피난민들이 세운 천막교회(성결교회)에 출석하면서 거기에서 나는 마음을 가다듬고 다시 태어나는 경험을 하게 되어 지금까지 그리스도를 믿는 자로 살게 해 주셨습니다."라고 『내가 걸어온 길』에서 고백하고 계십니다.

예수 그리스도를 믿고 새로 태어난 경험을 한 후로는 세상적인 일들에서 벗어나 하나님의 자녀로서 복음전도와 의료봉사에 일생 동안 몸과 마음을 다 하신 선생이십니다. 예수 그리스도에게 병자와 죄를 느끼며 사는 창기와 과부, 고아와 같은 가난한 사람들이 모여들었던 것처럼 국희종 선생에게도 병든 자와 고아, 과부, 가난한 사람들이 구름 같이 모여들었습니다. 선생께서는 가난하고 힘없는 사람들의 의식주를 도와주셨고, 병들고 돈 없는 분들에게는 치료를 해 주셨으며, 심령으로 병들어 있는 분들에게는 예수님의 말씀을 이야기 하시며 전도하셨습니다. 그러면서도 선생 자신은 혼자서는 점심을 먹지 않으셨고, 끼니를 때우지 못하는 고아와 과부 같은 사람들에게 저녁식사 자리를 만들어 함께 밥을 먹었습니다. 그 때의 일들이 50~60년이 지난 지금도 선명히 떠오릅니다.

이러한 일들에 들어가는 경비는 선생 자신의 순창군 공의의 수당으로 충당하셨고, 외부로부터는 단 한 푼의 돈도 후원을 받지 않으셨습니다. 1960년 무렵의 복흥면에서는 후원이라는 말 자체가 없었습니다. 특히 부모님이나 형제자매들도 그 때 선생의 생활을 이해하지 못하였으므로 당연히 경제적인 후원은 없었던 것으로 알고 있습니다.

국희종 선생은 철저한 의지의 신앙으로 사셨습니다. 선생은 「병상단상(病床斷想)」이란 글에서 "심장동맥경화로 심한 고통에 엄습 당했을 때 예수의 십자가를 생각합니다. 가슴이 찢어지고 터질 듯하는 고통에 당신의 고통을 생각합니다. 거기에 나의 고통을 맡길 때 그 격렬한 고통을 견딜 수 있을 뿐 아니라 그 고통의 밑바닥에서 훈훈한 당신의 따사로움마저 느껴집니다.

수술대에 오를 때에도 '그가 곤욕을 당하여 괴로울 때에도 그 입을 열지 아니하였음이여, 마치 도수장으로 끌려가는 어린 양과 털 깎는 자 앞에서 잠잠한 양 같이 그 입을 열지 아니하였도다.'(이사야 53:7) 말씀대로 하나님께로 부터의 평안과 그리스도께 대한 신뢰로 가득 찹니다."라고 쓰고 계십니다.

이렇게 그리스도 예수께 대한 신뢰로 가득 차 있으며, 자신을 헌신하신 분에게 참 그리스도인이라는 호칭은 당연한 일이 아니겠습니까? 많은 사람들은 선생을 '한국의 슈바이처'라고 부릅니다.

새마을운동의 창시자 김준 선생은 당신의 글에서 "국희종 선생을 생각하면 아프리카의 슈바이처 박사가 연상된다. 자기 개인의 부귀영화를 헌신짝같이 다 버리고 가장 낮은 자리에 내려와서 가장 어려운 가난하고 불우한 사람들을 위하여 소리 없이 오른손이 한 것을 왼손이 모르게 온유겸손하게 묵묵히 일해오신 모습이 지금도 눈에 선하다"고 하였습니다.

또한 고려대 교육학과 명예교수였던 고 김정환 선생은 『성서조선 명논설집』에서 "전북 순창군의 오지 복흥면 정산리에 혜인의원을 세워 의료 전도 사업을 하는 한편 한국 무교회 광주모임에서 발행한 〈광주기독의사 회보〉는 선생의 믿음과 삶의 기록이다. 이 분이야말로 한국의 슈바이처다."라고 하였습니다.

또 서강대학교 사학과 교수였던 백승종 선생은 『그 나라의 역사와 말』이란 책에 다음과 같이 쓰고 있습니다. "국희종 선생이 이렇게 말했을 때, 그는 이찬갑, 함석헌, 김교신, 조만식, 안창호, 이승훈 등과 한 무리를 이룬다." 라고 하면서 국희종 선생님을 우리 민족의 대 스승들과 같은 반열에 놓았습니다.

1980년대에 우리나라는 극심한 흉년이 든 일이 있었습니다. 서울에서 아래지방으로 고속버스를 타고 내려가는데, 온 들판의 벼들이 다 죽어 있었습니다. 그러나 복흥면에는 신기하게도 벼들이 싱싱하게 잘 자라고 있었습니다. 그래서 마을의 한 할머니께 "복흥면은 벼농사가 잘 되었습니다." 라고 하였더니 그 할머니는 이렇게 말씀하셨습니다. "하나님의 종이 여기 계시는데, 하나님께서 흉년을 주시겠소?" 하며 웃으셨습니다. 참으로 명답이었습니다. 나는 "아! 이 할머니의 말이 하늘의 소리이구나!" 하며 조물주 하나님께 무한한 감사를 드렸습니다.

복흥면 사람들은 국희종 선생을 '참 그리스도인'이라고 부릅니다.

유년시절부터 선생의 생활을 보아온 나 자신도 국희종 선생을 참 그리스도인으로 생각하며, 하나님의 종으로 조물주께서 백년에 한번 또는 천년에 한번 보내주시는 인물로 이야기하고 있습니다.

끝으로 선생의 책을 처음 발간할 때부터 경제와 신앙으로 함께 하신 박동래 선생과 책 1권부터 10권까지 교정을 보아주신 조동희 선생께 무한한 감사를 드리면서 발간사를 갈음합니다.

차례 / 참 그리스도인 국희종 선생을 바라보다

형 국희종과 나

국영종(전남대 명예교수)

나의 유일한 형 국희종이 하나님의 부르심을 받은 지 벌써 21년이 되었다. 세월이 화살 같으니! 이에 가상하게도 희종 형을 사모하는 임중기 선생이 기념문집을 내신다며 형에 대한 글을 부탁하니 흔쾌히 응낙하였다. 돌이켜 보니, 형보다 4살 아래인 내가 90세가 되었으니 형보다 17년을 더 오래 살고 있는 셈이다. 이제 형의 젊은 시절을 기억하는 사람들은 모두 세상을 떠났으니 아직 희미하나마 기억력이 남아있는 내가 아는 대로 젊은 시절의 국희종 형을 회상해 보는 것이 알맞을 것 같아 서툰 펜을 들었다.

형 국희종은 1926년 2월 25일 미국남장로교회에서 설립한 목포부란취병원(지금의 양동제일교회 자리)에서 국순홍 의사와 최명순 여사의 2남7녀의 장남으로 출생하였다. 아버지께서는 1925년 3월 경성의학전문학교를 졸업하신 후 바로 이

병원에 부임하시어 7년간 근무하셨으며 그곳에서 두 누나와 나까지 4남매가 태어났다.

희종 형은 매우 총명하고 착하여 귀여움을 독차지한 촉망된 어린이였고 무엇보다 음악에 특별한 재능을 보였다고 한다. 그는 유치원에서 처음 풍금을 보고는 금방 멜로디를 연주하여 주위를 놀라게 하였다고 한다. 또 형은 마음씨가 여리고 동정심이 많아 친구들이 다치거나 울면 달래주고 손수건으로 눈물을 닦아주고 자기 장난감을 안겨주는 착한 아이였다고 전해 들었다.

내가 어렸을 때 네 살 위의 형은 공부건 놀이건 무엇이든지 잘 하는 만능선수였고 항상 나의 선생이고 모델이었으며 또 경쟁자였다. 형은 친구들이나 누나들과 어울려 노는데 어린 내가 끼면 방해가 되니 끼워주지 않았는데, 나는 늘 형을 모방하여 따라가려고 애썼으며 겨우 따라붙으면 형은 저 멀리 가 있곤 하던 기억이 있다. 한 번은 형 친구들의 구슬치기에 어쩌다 한번 나를 끼워주었는데 어찌된 일인지 그 날은 구슬이 잘 맞아 내가 모두 따버리니 그때부턴 놀이에 나를 끼어주곤 하였다. 그러다가 내가 7살 때 초등학교 입학을 앞두고 형과 함께 방에서 사이좋게 놀다가 내가 앞으로 넘어지는 바람에 팔로 내 목을 감싸고 있던 형이 내 위로 함께 넘어지면서 형의 무릎이 내 왼쪽 다리를 짓눌러 골절이 된 일이 있었다. 까무

러진 나를 보고 집안에 야단이 났다. 이 때 형은 부모님께 꾸중을 듣고 또 내게 미안해했는지... 사실은 형의 잘못이 아니었고 내가 잘못했었는데... 나는 두 달 후 걸음마를 새로 배워 겨우 초등학교 시험을 치를 수 있었다.

희종 형은 서울의 명문 보성중학교에 진학하였고, 큰 누나[福振]는 경성여자의전을 졸업하여 모교 병원에서 외과의사로 근무하였고, 둘째 누나 정(楨)은 숙명고녀, 셋째 누나 영(榮)은 배화고녀로 진학하여 모두 서울로 유학하였다. 그러나 나는 1943년 봄 경기중학교를 지원했으나 낙방하고 (창씨개명을 안 했으니 도저히 불가하였다), 아버지가 지원해두신 신설 문태중학교에 진학하여 목포에 머무르게 되었다. 그 때 시골뜨기인 나는 생전 처음 서울 구경을 하였는데, 어머니는 형과 누나들과 함께 나를 당시 유명한 종로의 '화신백화점'에 데리고 갔다. 나는 그 많은 상품들에 눈이 휘둥그레졌고, 생전 처음으로 엘리베이터를 타보고 5층에서 '런치A' 점심을 맛있게 먹었다. 이 때 어머니는 100원의 대금을 주고 형에게 아코디언을 사주셨다. 그 때의 형은 체격이 건장하고 활력이 넘치는 늠름한 청년이 되어있었다. 형은 매우 기뻐하였으며 열심히 연습하여 아코디언의 명연주자가 되었다.

1944년 3월 희종 형은 보성중학교 5학년을 졸업하자 곧장 일본군에 징집될 예정이었다. 그러나 불리한 전황으로 많은 부상자가 생긴 일본군은 부족한 군의관을 신속히 다수 양성하려고 식민지 조선에도 의학전문학교 신설을 허가하여, 광주와 함흥에 지방민들이 열망하던 '의전'이 비로소 신설되었다. 의대생들은 징집이 연기되기 때문에 신설학교이었지만 지원자가 일본 전국에서 무수히 응모하여 극심한 경쟁률을 보였다. 이때 실력파인 희종 형은 영예롭게 합격이 되었다. 그러나 어찌된 영문인지 형은 광주의전을 원했으나 함흥의전으로 배정되어 그곳에서 1년 반을 수학하였다. 그러다가 1945년 8월 15일 일본의 항복 직전 소련군이 참전하여 함흥에 진주하니 형은 겨우 몸만 빠져나와 목포로 귀환하였다. 그 후 형은 광주의대로 전학하였다.

광주의대에서 형은 열심히 공부하고 활발한 학생생활을 하였는데, 특히 음악을 좋아하여 관현악 합주반에서 바이올린과 아코디언을 연주하고 학생회의 음악부를 맡아 활약하였으며, '대학절' 축제에는 손수 '대학절가'를 작곡하여 부르기도 하였다. 나는 문태중학교 4학년 때 휴교 중에 광주에 와서 형의 권유로 형과 함께 기타 연주로 광주의대 합주반에 참가하여 광주방송국에서 방송을 하기도 하였다. 40~50명이나 되는 합주반원들은 아마추어들이었지만 모두 매우 열성적이었으며, 광주극장에서 공연할 때는 관객으로 입추의 여지가 없었고 단원들도 광주에서 처음이고 유일한 음악회를 성공적으로 개최한 것에 대해 긍지가 대단하였다. 그 때 바이올린 파트를 리드하던 황인담(후에 전북의대 학장 역임) 선배님의 부드럽고 친절한 인품에 큰 감동을 받았었다.

1947년 여름 어느 토요일 오후, 느닷없이 광주에서 내려온 희종 형이 "너, 광주의대 안 갈래?" 하며 광주의대 입학지원서 몇 장을 내놓았다. 난 귀가 번쩍하였다. 그렇잖아도 시시한 문태중학교에 다니기 싫은데다 중학교가 6년제로 되어(초등중학교 3년, 고등중학교 3년) 4학년인 나는 대학지원 자격이 없어 꼼짝없이 2년을 더 견뎌야하니 큰 실의에 빠져 있었는데, '광주의대!'라니……. 두 말할 필요가 없었다. 사정인즉, 광주의대에서는 지원 자격을 '중학 5년 이상 수료자'로 정하였더니 지망자가 크게 미달하여 '금년만은 전년과 같이 4년 수료자에게도 수험자격을 주기로' 결정하고 마감을 연기했다고 한다. 형은 나를 위하여 입학지원서를 얻어 목포까지 손수 가져온 것이었다. 나는 김승원 등 친한 친구들을 꼬드겨 광주 우리 집에 데려와 함께 수험하여 3명이 광주의대에 진학하였다. 광주의대 예과에 입학해보니 초등학교 동창으로 광주서중학교로 진학한 친구들이 많이 들어와 있었다. 광주에서는 '4년 수료자 지원가능'이 알려졌으나 다른 도시에서는 전혀 알 길이 없었고, 목포에서도 목포중학교나 목포상업학교로 진학한 친구들은 전혀 모르고 있었으며 다음해 또는 2년 후에야

대학에 진학할 수 있었다. 결국, 오직 문태중학교의 세 사람(국영종, 김승원, 윤규옥)만이 4년 수료자로 광주의대에 진학할 수 있었는데, 이는 오직 희종 형의 배려로 이루어진 것이었다. 형이 목포로 갖다 준 입학지원서가 나를 의학의 길로 인도하였고, 나는 꿈꾸던 서울대 화공과를 포기하였다. 그러나 희종 형의 열의와 설득으로 나와 김승원은 형과 의기투합하여 앞으로 의학의 '기초 중의 기초'인 생화학을 전공하여 의학 발전에 크게 이바지하자고 다짐하였다. 후일 친구 김승원은 서울의대 생화학 교수가 되었고, 나는 생화학과 다름없는 약리학을 전공하게 되었다.

그러나 호사다마라고 형에게는 난데없는 고난이 닥쳤다. 1947년 11월 9일 새벽, 지금의 광주시 동구청 앞의 논길에서 일정시대에 고등계형사를 지낸 김모 경위가 암살되었다. 미군정하의 경찰은 이를 계기로 좌경화한 광주의대 학생회를 와해시키려고 학생회 간부 30여 명을 '살인모의'로 체포하여 2개월간 구금하였는데, 고문에 못이긴 남모 학생이 "내가 암살했다"고 자백하였으나 결국 증거가 없어 무죄로 석방된 사건이 있었다. 이 때 학생회 음악부를 맡았던 희종 형은 무고하게 두 달 동안 모진 곤욕을 치렀다. 그 후 광주의대 학생회도, 자랑스런 의대음악회도 애석하게 모두 자취를 감추고 말았다.

그런 역경 가운데에서도 형은 1948년 6월 광주의대 제1회로 졸업 후 생화학을 전공하고 싶었으나 광주의대에는 생화학 교수가 없어 서울의대의 이기녕 교수가 출장강의만 하고 있었기에 서울로 가려고 하였다. 형은 우선 목포의 아버지 병원에서 심신을 가다듬고 쉬고 있었는데, 병원 단골이던 목포여중 한이직 교장이 교사가 없어 허덕이던 목포여중을 도와달라고 '삼고초려'하니 정에 약한 형이 그 간청을 뿌리치지 못해 그곳 교단에 서게 되었다. 그는 수학. 화학, 물리 등의 만능교사로 크게 봉사하였다. 마침 단(檀), 경(梗) 두 여동생이 그 학교 4학년생으로 희종 형의 수업을 받았는데 인기가 최고였다고 한다. 해방 직후 일본인들이 철수하고 나니 교사들이 태부족하여, 우리 의대생들 중에는 강의시간을 빼먹고 시내 전남여고, 숭일중학교 등에 시간강사로 나가 수업을 하고 돌아오곤 하는 이들이 많았다. 문교부에서는 교사부족을 타개하기 위하여 2년제 '문교부 임시 중등교원양성소'를 1947년부터 세 번에 걸쳐 광주의대 예과에 병설하여 교사들을 속성으로 공급하려고 하였다. 그러니 대학이 없는 목포에서는 중등교사 구하기가 하늘의 별 따기였던 때였다. 일단 맡았다 하면 최선을 다하는 책임감이 강한 희종 형은 학생들의 교육에 최선을 다 하였고, 그런대로 보람찬 나날을 보냈을 것이다. 그런 가운데 2년이란 세월이 후딱 지나고, 형은 드디어 1950년 5월말 목포여중을 후임에게 맡기고 많은 사람들의 만류를 뿌리치고 평생목표인 생화학 연구를 위하여 서울의대 생화학교실로 향하였다.

역사에는 '만약' 이라는 말이 존재하지 않는다고 하지만, 만약에 희종 형이 목포여중에 가지 않았더라면, 그리고 좀 일찍 서울의대 생화학교실에 들어갔었더라면 어찌되었을까? 아마 희종 형은 서울의대 교수가 되었거나, 아니면 나와 함께 모교의 생화학 교수가 되었을 것이고 많은 연구업적을 낸 훌륭한 교수가 되었을 것이라고 생각하면 애석하기 짝이 없다. 결국 형은 나에게 기초의학의 길을 넘겨주고 자기는 포기하고 만 것이었다.

희종 형이 1950년 5월말로 목포여중 교사생활을 끝내고 서울의대 생화학교실에 가자마자, 하필이면 그때, 6.25사변이 터졌다. 그는 인민군 치하에서 피하다 못해 의사로 동원되어 대전에서 인민군 부상자를 치료하다가 어렵사리 출장명령을 얻어 자전거를 빌려 타고 탈출하여 목포로 귀환하였다. 그 때 희종 형의 몰골은 말이 아니었다. 깡마르고 시커멓게 그을려 못 알아볼 정도였다.

곧 이어 유엔군의 인천상륙과 '9.28' 서울 수복에 이어 국군이 압록강까지 진출하여 통일이 목전에 이르니 희종 형은 다시금 서울의대 생화학교실에 돌아가려고 해군 군용선편으로 (당시에는 기차는 전혀 불통이었다) 목포에서 인천을 거쳐 서울에 도착하였다. 그러나, 중공군이 참전하여 유엔군이 밀리기 시작하더니 1951년 1월 4일 또다시 서울이 공산군에게 점령되어 버렸다. 희종 형은 또 한 번 생화학을 공부하려는 꿈을 접고 천신만고 끝에 부산으로 후퇴하였다. 그때 나는 부산으로 후퇴하는 광주의과대학과 병원을 따라 1월 21일 부산에 도착하였다. 우리 학부 2학년생들은 모두 육군 의정장교 시험에 응시할 예정이었으나 하루 늦게 도착하여(얼마나 다행이었는지!) 혹한의 부산부두에서 전원 해산하였다. 나는 동아일보 전무이신 국태일 종조부를 찾아갔고 거기서 희종 형과 기쁨의 재회를 하였다. 그 뒤 형은 잠시 기장군에 무의촌 보건의로 가 있다가 해군 군의관으로 입대하였다. 그리고 진해 해군병원과 해병대를 오가며 7년간이란 긴 세월(당시에는 군의관이 부족하여 근무 연한이 없었고 대개 10년 넘게 복무하였다)을 군의관으로서 모든 것을 바쳤다. 그는 군복무 중에도 늘 자기희생을 마다하지 않고 힘든 일은 도맡아 하였으며, 모두가 기피하는 백령도에도 파견을 자진하여 의무대장을 맡기도 하였다. 그 동안에 희종 형은 기독교에 귀의하였고, 제대 후에 결국 생화학자가 되려는 꿈을 접고 가난한 병자를 위하고 영혼의 치유자로 전도의 길을 걷게 되었다.

이제 돌이켜보니 이 모든 것이 하나님의 섭리였음을 인정하지 않을 수 없다. 희종 형은 하나님의 사랑의 손길이 되어 가난하고 병든 사람들을 돌보라는 숙명을 지고 있었고, 나는 형이 이끌어 주어 광주의대(전남의대)에서 평생 봉사하도록 정해 주시고 평탄한 생을 마련해 주신 것이었다. 그러나 나는 나에게 주어진 책임을 충실히 다 했을까? 더구나 희종 형이 못 이룬 몫까지 했어야 할 것인데... 아무래도 어림도 없을 것이다. 더 열심히 했어야 했는데...

한편, 나의 사랑하는 유일한 희종 형은 하나님이 원하시는 대로 척박한 영혼의 불모지에서 '한 알의 밀알'이 되어 자신을 불태워 많은 사람들의 마음속에 하나님의 사랑을 심었고 크게 자라게 하였으니, 지금은 하늘나라에서 큰 상을 받고 주님 곁에서 평안을 누리고 있을 것을 나는 굳게 믿는다.

2020.1.31. 무등산 기슭에서

국영종 (鞠永棕)

(전남대 명예교수, 약리학 전공, 전남의대 학장, 전남대 대학원장 역임)

이러한 선배님도 계셨다

-순창군 복흥을 변화시킨 혜인 국희종 선생님 이야기-

임철완(전북대학교 명예교수)

이제는 8천 명에 육박하고 있는 전남의대 동문 가운데 모교를 빛내 주고 귀감이 되어 주신 분은 회원명부 첫 페이지의 첫 번째로 이름이 나와 있는 광주의학전문학교 제 1회 졸업 김영인 약리학 교수님 (2011년도 별세, 12대 전남대학교 총장 역임) 을 비롯하여 셀 수 없이 많이 계십니다. 이들 선배님들 가운데 무덤 앞에 초라한 돌 비석 하나 없이 고향과 멀리 떨어진 타향 땅 쓸쓸한 산기슭에 육신이 누워계시는 고(故) 국희종 선생님을 소개합니다.

김영인 교수님과 함께 본교 첫 입학을 하셨던 1회 한국인 동기 분들은 이제 다 고인이 되시고 단 두 분이 생존하여 계십니다. 그 중 한 분이 필자가 전북의대에 재직할 때 전북의대 초대 학장을 지내신 황인담 교수님(이하 존칭 생략)이신 바, 필자가 국희종 선생님(이하 존칭 생략)에 대하여 알게 된 것은 지난 해 황교수가 91세가 되던 해였다. 황교수는 자신이 지금까지 살아 있는 이유는 동기동창이신 국희종 선생을 후배들과 한국의 의사들에게 알게 하라는 하느님의 뜻으로 생각하신다는 말씀을 필자에게 하셨기에 황교수의 뜻을 받들어 이 글을 쓰게 되었다.

1944년 광주의전에 첫 입학을 하였던 102명의 학생은 조선인과 일본인이 절반씩이었다. 이때 북한의 함흥에도 의학전문학교가 설립되어 목포에서 의사의 아들로 출생(1926년)하여 현 목포 북교초등학교를 졸업하고 서울 보성중학교를 다녔던 국희종 선생은 처음에 당국의 사무착오로 함흥의학전문학교에 입학하였던 바 1945년 일제가 물러가면서 소련군이 북한에 진입하자 원산발 서울행 마지막 열차로 귀향하여 광주의전 2학년으로 전학 왔다. 일본인 학생들은 일본으로 돌아갔다. 이들의 재학기간과 1948년 졸업 후 한국은 좌우익 대립과 6.25전쟁과 가난의 연속이었던 바 이를 극복하고 오늘날 한국은 이른바 선진 의료 복지국가로 전 국민이 건강보험혜택을 누리고 있다.

대한민국 의사면허 번호 43번이신 황교수가 90세를 지나면서 불현듯 세상을 떠나버린 의학전문학교 동기동창 국희종 선생의 생애에 대하여 새삼 생각이 미치게 되었다. 두 분은 같은 전라북도 지역에서 40년 가까이 활동하였음에도 의대 졸업 후 서로 만난 적이 한 번도 없었다.

국희종 선생이 일생 동안 헌신하셨던 순창군 복흥면은 사방이 산 고개로 둘러싸인 분지로써 서남 방향은 우리 국민들이 잘 아는 장성 백양사, 정읍 내장사, 담양 추월산 등이 벽을 이루고 동북 방향은 진안고원에 연결되는 노령산맥의 산봉우리들이 솟아 있어 정작 육로로 복흥을 찾아가자면 동서남북이 병풍처럼 험한 산으로 둘러싸여 그야말로 아프리카 오지 못지않은 지역이다.

지금은 산과 산을 넘어가는 고갯길들도 아스팔트 포장이 다 되어 있지만 필자가 1980년대 중반에 한국의 일차보건의료사업으로 복흥을 처음 방문하였을 때도 자동차 주행이 어려울 정도로 심한 돌 자갈길 비포장도로만 있어서 다시 오기는 어렵겠다는 생각을 하였다. 독자들은 복흥이라는 지명이 다소 생소하겠지만 1946년부터 남로당과 경찰이 전투를 시작한 곳으로 인접한 쌍치와 함께 6.25가 끝날 때까지 7년 동안 빨치산 남부군의 활동 지역이었다. 황인담 교수께서 전주에서 줄곧 수십 년을 지내면서도 같은 도내 복흥의 국희종 선생을 찾아보지 못한 것은 우선 지리적 환경만 보아도 이해가 된다. 또 전라북도 순창군은 큰 도시에 나가 볼 일이 있으면 전주보다 광주가 더 접근성이 좋아 의사 국희종 선생이 중환자를 큰 병원으로 보낼 필요가 있을 때도 광주로 보내게 되는 것도 이

유가 되었을 것이다.

그러나 지리적 특수성 보다 더욱 중요한 이유로 작용한 것은 국희종 선생의 보통 사람이 흉내 낼 수 없는 삶, 즉 명예와 안락한 생활을 멀리하고 예수 그리스도의 제자로서 예수 그리스도를 닮아가는 삶의 태도 때문이었다. 전주에 황 교수보다 훨씬 먼저 오셔서 산부인과 개원을 하였던 전주 토박이 의사 또 한 분의 동기이였던 고(故) 김재정 원장께서 황 교수에게 하였던 말씀이 국희종 선생의 삶을 한 마디로 잘 나타내주고 있다. "희종이 그 친구. 예수쟁이가 다 되어서 순창 산골짜기에서 통 나오지도 않네"라는 말이다.

국희종 선생은 의대 재학 중 아코디언과 바이올린 연주도 하면서 음악부장으로 활약도 하고 작곡도 하면서 젊은이로서의 낭만을 보였지만 평소에는 대체로 말이 없고 침울한 표정이었다. 이는 당시 시대 상황 때문 이었으리라고 생각된다. 재학 중 광주에서 고등계 형사의 피살사건이 일어나자 이 때문에 학생회 간부였던 국희종 선생은 무고하게 2개월간 옥고를 치르기도 하였다. 선생은 의전을 졸업하고 잠시 고향 목포에서 수학과 화학교사를 하다가 서울의대에서 생화학을 연구하고 싶었으나 6.25 사변으로 뜻이 좌절되었다.

6.25 사변 당시 인민군 치하에서 서울의 인민병원에 동원되었으나 탈출하였고 전황에 따라 여러 지역을 지나서 경남 동

래군에서 무의촌 진료를 하다가 해군에 입대하여 군의관으로서 강화도 전방부대에서 근무하였다. 1953년 휴전이 되자 진해 해군병원에서 근무하게 되었는데 선생이 예수 그리스도의 은혜를 깊게 체험하게 된 것은 이 무렵으로 추측된다. 선생은 애당초 부친이 미국 남장로교에서 설립한 목포 부란취병원에서 근무하는 의사(경성의학전문학교 졸업)이셔서 어릴 때부터 기독교 신앙을 접하였고 졸업 후 목포 양동교회에서 성가대원으로 봉사도 하였지만 1958년 일본 기독교 신자 야나이하라 다다오 선생의 신앙잡지를 통하여 교단과 종파에 매이지 않고 성경에 나타난 예수 그리스도만을 따르고자 하는 신앙심을 갖게 되었다 (야나이하라 다다오는 무교회주의자로 알려진 일본이 낳은 세계적 기독교 사상가 우찌무라 간조의 제자로서 태평양전쟁 후 동경대학의 총장을 하였다. 한국의 김교신, 함석헌도 우찌무라 간조의 제자였다. 우찌무라 간조의 무교회는 사실 무교단, 무교회당으로 해석하는 것이 옳을 것이다. 필자주). 필자가 선생의 행적을 알아보고자 복흥면을 직접 방문하여 선생의 제자들을 만나보았을 때 제자들은 당시 함석헌 선생을 국 선생을 통하여 듣게 되었었다고 회고하였다.

이후 해병사단에서 전역을 하고 1960년 당시 나환자 집단촌인 여수 애양원에서 근무하다가 1960년 9월 35세 때 마침내 순창군 복흥면 정산리에서 혜인의원으로 벽지 의료 전도

사업을 시작하게 되었다. 선생께서 복흥에 가시게 된 연유는 복흥면에 인접하여 있는 전라남도 담양군의 가장 북쪽지역 가마골(6.25때 동족상잔의 큰 상처를 안겼던 곳, 지금은 경치 좋은 생태공원이 되었다)에 당시 광주제중병원(현 기독병원) 여성숙 결핵과장(경성여자의학전문학교 졸업. 1988년 제1회 인도주의실천의사상 수상자. 결핵환자의 어머니. 현 99세)이 설립한 평심원에서 광주동부교회 백영흠 목사를 통하여 김준 선생을 만나게 된 것이 인연이 되었다.

김준 선생은 1950년대 누구나 부러워하는 국립전남대학교 농과대학 교수직을 사임하고, 경찰로부터 빨갱이로 오해도 받고 주위 사람들에게 미쳤다는 말을 들을 정도로 농촌계몽 운동에 힘을 쓰면서, 전쟁으로 피폐한 산간 지역의 조림에 헌신하였던 분으로 복흥면 답동과 담양 가마골을 무대로 꿈을 펼쳤던 바 후에 한국 새마을운동사에 빼놓을 수 없는 분이었다. 답동과 가마골은 전남과 전북을 경계하는 노령산맥의 산 이쪽저쪽의 마을이다.

이와 같이 국희종 선생과 김준 선생 두 분이 뜻이 맞아 복흥에서 함께 서로 도우면서 사업을 시작하였으나 김준 선생은 5.16후 유달영 박사의 삼고초려로 재건국민운동에 동참하기 위하여 3년 후 복흥을 떠나게 되고 국희종 선생은 일생동안 복흥에서 몸과 마음을 바치게 되었다. 두 분이 서로 호를 나누게 되었는데 김준 선생의 호는 혜경이고 국희종 선생의 호는 혜인이다. 혜경은 은혜로 밭을 경작한다는 뜻이고 혜인은 은혜로 인술을 펼친다는 뜻이다.

당시 도시에서 대우받는 의사의 길을 버리고 서른다섯 나이에 스스로 두메산골 복흥에 들어가 고생을 사서 하면서 밤마다 벼룩에 시달려 잠마저 제대로 자지 못하는 열악한 생활가운데 40년 가까이 단신으로 인술을 펼쳐 가신 선생의 행적을 두서없는 글이지만 적어보면 다음과 같다.

당시 복흥면은 면소재지에도 의원과 교회가 없었다. 우리나라 농촌지역의 면(面)에는 대개 리(里)가 약 10개 정도 있고 각 리에는 마을(부락)들이 수개 내지 수십 개가 있다. 이 마을들은 가옥이 10개 미만인 작은 마을도 있고 100개가 훨씬 넘는 큰 마을도 있다. 면소재지라고 하면 면사무소가 위치하고 있는 면에서 가장 큰 마을로써 금융기관, 파출소, 우체국, 상점, 식당들이 있는 가장 번화한 마을이다.

주민들은 병이 나면 정읍이나 담양으로 나가야 하였다. 선생은 1960년, 겨우 3평정도 되는 초가집에서 진료를 시작하면서 동시에 숙소와 복음을 전도하는 예배당으로 사용하였다. 혜인의원이다. 의료 전도 사업의 시작이었다. 다음 해에 지서 뒤편에 목조 건물을 지었다.

선생의 진료는 글자 그대로 헌신이었다. 험한 길 왕진을 거절한 적이 없었으며 비가 쏟아지는 여름밤이나 눈보라 치는 겨울밤에도 손전등을 켜 들고 환자에게 달려갔는데 물론 대부분 걸어서 가는 길이었다. 주로 걸어서 다녀야 하였던 시대에 동서가 13Km, 남북이 10Km 정도 되는 복흥면의 면적은 지금의 일개 도(道)만큼 넓은 지역이었을 것이다.

지금도 복흥면 주민들은 선생이 고개를 약간 우측으로 숙이고 빠른 걸음으로 왕진을 다니는 모습을 기억하고 있다.

아래에 선생의 일기를 일부 소개한다. 선생께서 별세 후 거의 10년이 지나 당시 순창에서 선생에게 가르침을 받았던 제자들이 책으로 펴낸 국희종 선생의 신앙문집에 나와 있는 것이다.

1962년 11월 21일 (수요일) 흐림.

4시 기상. 고린도 전서 14장 읽다.

유창우씨에게 가서 복수 흡인함. 17G 바늘로 약 2시간 걸림.

오후에 여수 애양원 이이섭 장로 찾아오심. 몸 건강도 좋지 않은 분이 먼 길에 산중까지 오심. 그곳에 의사가 없으니 그곳으로 오기를 간청하심. 그러나 이곳을 버리고 갈 수 없는 것으로, 주의 뜻을 묻기로 하였다. 그곳에 오실 적임자는 있어도 급여 관계로 초빙을 못하는 모양. 그곳 모든 식구들 평안하신 소식 듣다. 한의숙 자매는 위장장애로 전주병원에서 별세하였다. 저녁에 어린이 모임에 이 장로 말씀 전하고 쉼.

1963년 6월 10일 (월요일) 맑음.

4시에 기상하여 히브리서 9장을 읽었다. (중간 부분 요약: 시골에서 치료하기 어려운 환자를 데리고 광주 대학병원에서 진찰받고 약품 구입한 이야기). 광주에 나가보니 허황한 도시. 내가 그대로 공부 계속했더라면 세상의 명예나 일에 매여 주의 은혜를 받지 못했을 것을 …. 또 부실한 죄인의 잘못도, 그저 죄인을 공로 없이 구원해 주신 은혜를 생각하고 감사함으로 눈물이 나게 하신다.

…이하 생략 …

선생은 의학박사가 되고 유학도 가고 권위 있는 의사나 의학자가 되는 것 보다 농촌의 가난하고 병든 환자를 치료해주고 예수 그리스도를 모르는 자들에게 기쁜 소식을 전하게 된 것을 하나님의 은혜로 생각한 듯하다. 자신의 호인 혜인(惠仁)에서 은혜는 하나님의 은혜라고 생각하였다.

1963년 6월 12일(수요일) 맑음

4시에 기상하여 히브리서 10장을 공부하였다. 환자는 거의 없고 있어도 무료환자이다. 조석으로 죽을 먹기로 하고, 육을 이기기 어렵고 얼마나 부족한 자인가를 절실히 느꼈다. 주 안에서 권속들이 어려움을 잘 이기게 해주시라고 간구하였다. 저녁에 어린이모임을 하였다. 장선생이 열이 내려 주께 감사.

1963년 6월 19일 (수요일) 폭우

장티푸스 환자 심방. 서마리에서 우중에 왕진 청해옴. 버스로 향발. 도중에 물이 많아 심히 힘들게 당도. 환자는 심한 위통으로 신음. 처치 후에 점심 대접받고 귀로에 올랐으나 내를 건너지 못하고 그곳에 머물다. 주의 뜻이 어디에 있는지? 밤에 벼룩 공격으로 온 밤을 뜬 눈으로 지새움. 밤중까지 내린 비로 전답에 피해 많음.

선생자신이 경제적으로 풍족한 의사와는 한참 거리가 멀었지만 극빈 가구 몇몇 집을 항상 골라 매달 생활비를 지원 하였으며 가마솥에 죽을 쑤어 여러 세대가 같이 먹기도 하였다. 진료비는 환자 형편에 따라 감면이나 무료가 많았다. 때로 차비까지 주어서 보냈다. 그러다 보니 춘궁기에 면사무소에서 절량농가(식량이 떨어진 가구들) 대책을 세울 때 "국 의사에게 말하여 해결하자"는 말이 나왔을 정도였다. 두 말할 필요도 없이 의료보험이나, 생활보호자 지원이나 이러한 복지제도는 아직 꿈도 꾸지 못하는 시절이었다.

필자가 황인담 교수로부터 국희종 선생의 이야기를 처음 들었을 때 의아하게 생각했던 것은 국 선생의 제자들이 국 선생을 기념하기 위하여 그 분의 가르침과 생활을 책으로 발간하고 있다는 것이었다. 필자 역시 의사이고 의과대학 교수였지만 나의 사후에 나의 가르침을 나의 제자들이 책으로 정리한다는 것은 생각할 수도 없다. 의사가 아무리 진료를 성의껏 잘 하였다고 해도 치료받은 환자들이 모여서 그 의사의 기념사업을 한다는 것도 생각할 수가 없었기 때문이었다. 선생께서 2011년에 발간된『복홍 면지(面誌)』의 "복홍을 변화시킨 인물들" 중 첫 번째 인물로 소개되었음을 알고 어떻게 의사가 지역을 변화시켰는가에 대하여 더욱 호기심을 갖게 되었다.

여기에서 미리 필자의 결론을 말해보면 의사 국희종 선생은 자신의 생계를 위한 진료를 한 것이 아니고 주민의 몸과 영혼을 사랑하는 헌신을 하였다는 것이다. 그래서 진료가 끝난 후에도 국 선생에게 배운 인간과 하나님에 대한 사랑이 주민들의 마음 속에 깊이 남게 되었던 것이다. 그래서 글자 그대로 복홍 지역이 변화되는 결과에 이르게 된 것이다.

국희종 선생이 별세하고 18년이 지나 필자가 복홍을 방문하게 되어 주민들을 만나보았는데, 70대와 80대의 노인들은 선생을 성자(聖者)로 기억하고 있었다. 역시나 국 선생은 단순히 찾아오는 환자를 진찰하고 처방하고 진료비를 받는 의사가 아니었다. 사실 당시 복흥면과 같은 무의촌은 의사가 개업하여 먹고 살기에는 너무 환자 수가 적었고 너무 가난하였다. 그런데 이는 의원 뿐 아니라 교회도 비슷하다. 오늘날 한국사회에도 의원 밀집 지역은 대개 교회당 밀집 지역이다. 국 선생은 의료인뿐 아니라 전도자였다. 국 선생께서 의원도 없고 교회도 없는 열악한 지역에서 의사로서의 봉사의 삶을 살아간 인내의 원동력은 마음속으로 천국을 바라보며 예수 그리스도와 동반하면서 예수 그리스도를 닮아가려는 노력에 있었다. 이러한 삶의 모습이 주민을 변화시킨 것이었다.

위에 일부 소개한 일기에서 짐작할 수 있는 대로 선생의 일과는 성경과 기도로 시작하는 일과였다. 농촌 운동가 김준 선생이 떠난 후에 그가 이끌던 복흥농민 의숙(義塾:공익을 위하여 의연금을 모아 세운 교육기관) 을 맡아 학생들에게 수학과 물리과목을 가르치고, 진료를 하면서도 수 킬로 이상 떨어진 의숙의 수업시간에 늦거나 빠진 일이 없었다. 이와 같은 선생의 태도는 오늘날 의료기관이나 종교단체에서 보이는 무슨 홍보 전략이나 발전구상이 전혀 없이 오직 하늘의 하나님 앞에서 충성하는 태도이어서 주민들이 감동하기에 충분하였다. 선생은 신앙생활을 몸소 실천을 하였기에 필자가 최근 복흥 주민을 만나보았을 때 주민들은 오늘날의 외형중심의 형식적인 종교인에게 실망하고 있음을 느낄 수 있었다.

선생의 1963년 12월 22일(일요일) 동짓날의 일기에 다음과 같이 적고 있다.

7시 30분 기상. 게으른 죄인. 사죄를 구하고 1시간 가까이 주께 매달려 기도.

…중략…

동부교회도 완전히 속화된 교회. 완전한 의식화에 제도화. 신앙생명은 고갈되고 한심스러워 마음 무거움. 오후 6시에 귀가. 그간 무고. 낮에 농암에서 두 사람 나왔고 동서리에서 부부가 새로 나왔다고. 감사. …후략

1963년은 필자가 고등학교 3학년 때로서 당시 광주 동부교회는 광주의 지식인들이 다니는 이른바 인테리 교회였다. 선생께서는 순창 복흥면에 들어가신지 8년 후 즉 42세 때 결혼하여 3남 1녀를 두셨다.

그만큼 선생의 2,3십대에는 사생활을 가질 시간이 없었다. 부인은 20세 정도 연령 차이와 학력 차이가 있는 선생의 제자 중 한 사람이었음을 생각하면 국희종 선생과 부인께서는 주위의 반대나 체면을 뛰어 넘어 오직 사랑으로만 맺어진 결합이었으리라고 생각된다. 선생 자신이 의사이었지만 45세 이후부터는 영양실조로 치아가 빠지기도 하고 심장질환으로 투

병을 하시면서 일을 계속하였다. 그럼에도 복홍을 떠나지 않고 집회소 (진리를 따르는 만인의 쉼터)를 만들고 주민들과 함께 신앙의 교제를 계속하였다.

선생께서 복홍에 들어오신 후 복홍에서 하루도 떠난 적이 없이 머무신 것은 아니다. 당시 한국의 농촌 의료를 위하여 정부에서는 공의 진료소를 설치하였고 공의로서 근무할 의사가 부족하여 한때 수련의를 6개월씩 의무적으로 배치하기도 하였고 유학을 떠나는 의사의 의무 조항이기도 하였다. 그러므로 선생도 일시적으로 복홍 이외의 지역에서도 때때로 근무한 때가 있었으나 타 지역에 근무하게 되었을 때도 복홍을 순회하며 진료를 하였다.

선생께서 별세하시고 (1999년 5월 8일, 74세) 18년이 지나갔지만 지금도 매년 5월5일 선생으로부터 신앙의 가르침을 받았던 제자들이 전국 각지에서 찾아와 함께 모여 선생의 가르침을 되새기는 기념집회를 가지고 있다.

국희종 선생의 사업을 직간접으로 도와주신 선생의 주위 분들을 생각해 보면 다음과 같다. 선생께서 한창 활동하실 무렵 한국은 아직 가난하고 대가족제도의 모습이 남아있는 시대였다. 한 집안에서 장남이 의대를 졸업하여 의사가 되면 부모를 모시는 것은 물론 동생들과 조카들까지 다 책임을 맡고 돌보아야 하는 것이 당연한 시대였다. 그런데 의사가 되어 부모와 동생들에게 도움을 주어야 할 장남이 이와 반대로 깊은 산골 속에서 본인 자신도 경제적으로 심히 어려운 살림을 하였으니 우선 부모 마음이 어떠하였겠는가를 상상해 볼 수 있다. 생각해 보면 가족에서 장남 국희종 선생의 역할을 대신 감당해준 동생가족들의 눈에 보이지 않는 도움이 당연히 있었을 것이다.

선생의 친동생은 광주의전의 학제개편으로 새롭게 시작한 본교 1회 (선생의 3년 후배), 현 전남의대 명예교수인 국영종 교수이시다. 국 교수의 부인 김기복 선생(본교 6회)이 근무하는 당시 광주기독병원이 국희종 선생의 복흥면 진료사업에 큰 도움이 되었다. 즉 1차 진료기관인 혜인의원의 범위를 넘어 중증환자들을 위한 지원을 아끼지 않았다.

지금같이 정부의 생활보호환자나 의료보험이 없는 시대에 기독병원의 사회사업과는 당시 국가가 할 일을 대신하고 있는 셈이었다. 카딩톤(Dr. H.A. Codington. 한국 명: 고허번) 원장과 디트릭(Dr. R.B.Dietrick 한국명: 이철원)원장의 한국인에 대한 사랑이 이를 가능케 하였다.

선생은 유언으로 자신 사후에 비석도 만들지 말라고 하였다. 무덤을 찾아가보니 정말 쓸쓸한 야산 기슭에 이름 없는 무덤으로 외롭게 남아 있었다. 그러나 2010년 선생이 별세하신지 11년 되는 해에 선생을 기억하는 주민들이 마음을 모아 송덕비를 진료소가 있었던 정산리 체육 소공원에 세웠다. 비석에 새겨진 주인공 혜인 선생의 호칭이 인상적였다.

'獨立 傳道者' 였다. 이미 앞서 소개 하였던 대로 오로지 주 예수 그리스도와 하나님만 바라보고, 종파, 교단, 단체 등 모든 속된 것을 거부한 전도자라는 뜻으로 생각한다. 끝으로 『福興面誌』에 소개된 국희종 선생 편의 마지막 페이지를 아래에 적는다.

"복흥이 어두울 때 등불을 밝히고, 정이 메마를 때 사랑을 심었던 분. 복흥을 떠나 있을 때에도 마음은 언제나 복흥에 있었던 분. 외지인들로부터 "복흥의 성자"로 불렸던 분."

혜인 국희종 선생은 영원한 기독교인이요, 복흥을 사랑한 박애주의자이다.

전북 순창군 복흥면 정산리 모랭이 안골. 잠시 이 땅에 머물다 간 선생의 묘지. 작은 비석 하나 없다.

면 주민들이 선생의 별세 11년 후에 세운 송덕비. 비문에 보이는 혜인 국희종 선생의 호칭이 독립 전도자이다. 마을 주민 제자 이재권(72세) 씨가 포즈를 취해주었다.

후기, 국희종 선생을 기억하고 선생의 생전의 모습과 묘소와 유적을 친절히 안내해 주신 복홍 면민 이석남(85세)님과 이재권(72세)님께 감사드립니다.

소석 국희종 선배님!

길원식(전남의대 명예교수)

흐르는 강물처럼 세월은 가고
그중에서 사람들 절로절로 늙어가니
이것 또한 인생의 과정이 아니오리까.
낙엽 지는 허전한 세모(歲暮)가 다가오니
한 선배님의 모습 내 눈앞에 아른하네

하나님의 은혜로 이 세상에 태어나서
거룩한 주님의 뜻이 이 땅에 이루도록
한 평생 복음전도 지성을 다 하시고
하나님의 부름 받아 본향으로 가시니
그 분은 다름 아닌 국희종 선배

부유한 의사집안의 큰아들로 은혜 받고
탁월한 자질을 지니시고 의사가 되셨네
부족함이 없는 생활환경 모두 버리시고
고난의 십자가의 길 스스로 택하셨으니
거룩한 성령의 인도가 아니오리까

천성이 온유하고 겸허하시며
성경에 정통하여 막힘이 없어
성도들의 존경을 한 몸에 받았어라
선배님의 역작인『이사야서 강해』는
많은 성도들에게 감명을 주셨으니
주님이 내리신 은총 각별하셨네

성경에 순종하고 성경대로 사시고
언제나 하시는 말씀 어찌 잊으오리까
신앙이란 원해서 얻어지는 것이 아니고
노력으로 얻어지는 것도 아니며
하나님이 주시는 선물로 주시는 것
영혼의 구원도 하나님이 주시는 일방적인 것이라고

선배님은 초대교회의 정신 굳게 지키시고
그릇된 신앙인의 각성을 호소하셨으니
모두가 바른 신앙인을 위한 권고였네
성령을 마음에 간직하지 않으면
그리스도의 사람이 아닌 것처럼
내가 나의 주인이 아니고
예수님이 나의 주인이라고

가난한 고통 받는 병자들을 위하여
순창의 복흥 땅에 진료소를 만드시고
무료진료 복음전도에 밤낮이 없었네
산간을 개간하여 배고픔을 달래주고
이웃을 내 몸 같이 사랑하고 도우셨으니
하나님이 보내신 사자(使者)였네

우주만물은 하나님이 창조하셨으니
그 속에서 사는 사람 하나님의 백성
선배님의 말씀 마음 깊이 새겨두어
성경에 순종하여 성령으로 구원받고

영광된 하늘나라 기도로서 구하리다

전능하신 주여! 인도하여 주옵소서

아멘

해마다 5월이면

황호석(교사)

해마다 5월이면
생명수 흐르는 맑은 물에
온갖 비경을 가슴에 품은
내장산 아랫녘
하나님의 거룩한 숨결이 속살을 맞댄 곳,
순창에 가면
복흥에 가면
기필코 우리가 만나야 할 사람이 있다.

산천은 하나님의 얼굴을 닮고
사람은 산천을 닮는다 하던가.
맑고 순박하여 아래로 흐르기를

천성으로 알던 덕 깊은 물과 같이,
뜻이 높고 우뚝하여 온갖 것들을 품에 안고
하늘을 소망하던 청산과 같이,
자신을 비워 종의 형체를 가지고
어린 양으로 유대 땅 베들레햄
말구유에 끝내 오신 예수를 품고
낮게 낮게, 높게 높게
십자가 그늘 아래 살았던 행복한 사람.

씨 중에 가장 작은 겨자씨처럼
예수의 보혈이 흘러 비옥한 순창 복흥에
한 알의 밀알이 되어 자신을 죽이되
뭇 영혼을 살리는 의사가 되어
공중을 나는 새들이 깃들이는 큰 나무,
많은 알곡이 열매 맺는 이삭이 되어
하나님이 허락하신 에덴동산을
기름지게 가꾸던 농부 같은 사람.

달리 사명이겠는가

달리 소명이겠는가
하나님의 사람은 늘 이와 같아
낮게 낮게, 높게 높게

해마다 5월이면
유대 땅 나사렛에 오신 예수와 같이
낮고 낮은 하늘 아래 첫 동네
순창 복흥에, 그 말구유 터에
갈릴리 호숫가 어부들처럼,
하늘을 기대고 옹기종기 살아가던 사람들
순창 복흥에,
예수의 심장을 가진 사람
성령의 바람을 가진 사람
잠잠히 씨앗을 뿌리며 내일을 사는 사람
가장 작은 씨로 땅에 묻혔지만
두 팔 벌려 가난한 새들을 품에 안고
큰 나무가 된 사람

십자가 그늘, 그 양지 바른 언덕에

하나님의 숨결이 햇살처럼 반짝이는
물 맑고 산 깊은 순창, 하나님의 동산
복흥에 가서,
기필코 그를 만나야 한다.

2009년 5월 5일

국희종 선생님 13주기 기념모임 사진

고 국희종 추도 모임이 2012년 5월 5일, 전북 순창군 복흥면 "진리를 따르는 사람들의 쉼터"에서 있었다. 어린 아이까지 70~80명이 참석, 국희종 선생님의 사랑을 생각하였다.

故 국희종 선생님 큰 아들

이기영 목사님 말씀

박동래 선생님의 말씀

김남호 사모님과 유원석 부부와 그의 모친

임중기 큰 아이 부부와 손녀

임중기 큰 아이 부부와 작은 아이 부부

임중기 부부

임중기 큰 손녀

작은 자들과 함께한 삶-혜인 선생님 20주기

요한복음 13:12-17

이기영(목사)

1.

혜인 선생 20주기를 맞아 말씀을 준비하면서 그동안의 자료들을 뒤적이다가 3년 전의 메시지를 재활용해야겠다고 생각했습니다. 게다가 묘비를 세워 간소하나마 의미 있는 제막의 순서도 가지게 되었습니다. 세월이 지나면서 혜인 선생이 그리워집니다.

많은 화가들이 예수님의 모습을 상상해서 귀한 그림을 그렸습니다. 그 중 제일 좋아하는 그림은 예수님이 제자들의 발을 씻어주는 그림입니다. 무릎 한 쪽을 제자 앞에서 꿇고 어깨에 수건을 늘어뜨리고 고개를 숙이고 열심히 더러운 발을 씻고 있는 장면입니다. 이 그림을 보면서 예수님을 낮은 인간으로 볼 사람은 한 명도 없을 것입니다. 겸손은 높아지는 것이며 교만은 스스로를 낮추는 태도입니다. 섬기는 정신이 높아지는 것이며 대접을 받으려는 마음이 자신을 낮추는 태도입니다.

예수께서 제자들의 발을 씻기신 유명한 사건을 생각해 보면서, '작은 자들과 함께한 삶'이라는 메시지를 혜인 국희종 선생님 20주기에 즈음하여 말씀 드리겠습니다. 혜인 선생이 복홍에 오셔서 개원한 혜인의원 안에 들어오게 되면 맞은 편 벽에 〈제자들의 발을 씻기시는 예수님〉의 그림 한 폭이 붙어 있었던 것으로 기억이 됩니다. 그림을 얼마나 좋아했으면 그리하였을까, 아마도 그 그림의 내용에 담고 있는 깊은 의미를 생각하며, 작은 이웃들을 섬기며 사시려는 혜인 선생의 중심의 신앙(信仰)의지(意志)가 있지 않았을까 회상되기도 합니다.

성지(Holy Land)에서 신발은 샌들(Sandal)같은 것으로 발이 대부분 노출되고 또 비가 많이 오지 않아 땅에 먼지가 많으므로 외출하고 돌아오면 그 발에 먼지투성이가 됩니다. 그러므로 집에 들어 올 때는 발을 씻어야 하는데 보통 종들이 상전의 발을 씻기고 수하가 수상의 발을 씻기는 법이었습니다. 그런데, 예수께서는 주(主)와 선생(先生)이시면서 제자들의 발을 씻겼기 때문에 특이한 행동이었습니다.

이때는 유대인의 유월절(Passover Feast)이었고 예수님은 십자가의 죽음을 환히 바라보고 있었습니다. 예수님은 이때에 제자들을 생각하셨고, 제자들의 앞날을 생각하셔서 발을 씻기시는 교훈을 주셨습니다. 오늘 우리는 이 예수님의 특이한 행동을 통해서 몇 가지 교훈을 생각해 볼 수 있습니다.

2.

예수님의 이 행동은 겸손을 가르치신 것이었습니다. 예수님의 긍휼의 특징은 하향성의 삶입니다. 그런데 우리는 언제나 상향을 향해 움직이면서 좀 더 나은 삶, 좀 더 많은 수입, 좀 더 명예로운 지위를 얻으려고 아등바등 합니다. 신학자 칼 바르트(Karl Barth)의 말대로 예수님은 높은 곳에서 맨 밑바닥으로, 정복에서 패배로, 부유함에서 가난함으로, 승리에서 고난으로, 삶에서 죽음으로 움직이셨습니다. 예수님의 사역전체는 무력함을 받아들이는 것, 그리고 이 무력함 가운데서 하나님의 사랑의 무한함을 계시하셨습니다.

항상 겸손해야 합니다. 높은 자리에 있을수록 겸손해야 합니다. 교만한 자는 아무리 높은 자리에 있어도 비천합니다. 큰 지도자와 겸손은 정비례합니다. 속인(俗人)과 교만도 정비례합니다. 멋지게 옷 입는 사람을 Best Dresser라고 하는데, 정신적 베스트 드레셔는 겸손입니다. 겸손은 하나님이 나를 평가 하시는대로 인정하고 받아들이는 것입니다. 나를 죄인으로 인정하는 것, 나를 위선자로 인정하는 것, 나를 욕심쟁이로 인정하는 것. 이것이 겸손입니다. 하나님은 교만한 자를 배격하고 자기를 정직하게 인정하는 겸손한 자에게 은혜를 베푸십니다. 겸손은 모든 덕의 기본입니다. 모든 덕은 겸손의 토대 위에서 뜻이 있습니다. 그래서 성 어거스틴은 그리스도인 생활에 중요한 것은 첫째도 겸손이요 둘째도 겸손이요 셋째도 겸손이라고 했습니다. 정직하게 자기를 성찰하고 회개할 수 있는 사람이 정말 겸손한 사람입니다.

예수님의 길을 따르는 것, 그리고 자기를 비우고 겸손해 지는 것, 예수 그리스도를 본받아 사는 것이어야 합니다. 후에야 깊이 깨달은 베드로는 "젊은이들아 이와 같이 장로들에게 순종하고 다 서로 겸손으로 허리를 동이라 하나님은 교만한 자를 대적하시되 겸손한 자들에게는 은혜를 주시니라"(벧전 5:5)고 하셨습니다. 이 깨어진 불의와 오만의 세상 속에서 하나님의 온전하고 온유 겸손한 그리스도인 삶의 자세를 갖고 변화 받은 새사람으로 나타내라고 우리에게 도전하십니다.

3.

예수님은 제자들의 발을 씻기심으로 섬기는 자의 본을 보여주셨습니다. 베드로가 "내 발을 절대로 씻지 못 하십니다 할 때에 예수께서 내가 너를 씻기지 아니하면 네가 나와 상관이 없다"(요13:8)고 말씀합니다. 사람이란 서로를 위하여 수고를 하고 애를 태우는 고생을 겪으면서 깊은 관계를 맺게 되고 사랑을 느끼게 되는 것입니다. 이 말씀은 그리스도와 우리 믿는 자들과의 관계를 말할 뿐 아니라 우리와 이웃들과의 관계를 위한 교훈이기도 합니다. 즉 우리가 남을 위하여 수고하지 아니하면 그와 더불어 관계를 느끼지 못합니다. 우리가 남을 위해서 섬기고 수고하면 그와 더불어 상관이 있는 것을 느끼게 됩니다. 그리스도의 거룩한 섬김에서 우리가 주님과 상관있는 하나님의 백성이 되었습니다. 우리도 그 정신을 본받아 이웃들을 섬김으로 우리 역시 주님의 제자가 되고 이웃들과 상관이 있는 더불어 살아가는 주님의 교회, 신앙 공동체를 이루어가게 되는 것입니다.

4.

또 하나 중요한 것은 문제해결의 비결을 본보여 주셨습니다. 예루살렘에 가까이 왔을 때 제자들 사이에 누가 크냐 하는 다툼이 있었습니다. 야고보와 요한은 그 어머니까지 가세하여 주님의 우편과 좌편을 확보하려고 했습니다. 다른 제자들은 이를 감지하고 몹시 분개하였습니다. 그러나 제자들의 머리에는 예수께서 예루살렘에 가시면 왕이 되시는데 누가 가장 높은 위치를 차지하느냐, 제자들 모두의 관심사였기 때문이었습니다. 따라서 그것은 제자들 간의 다툼의 원인이 된 것입니다.

중세기 성 프란시스에 대한 일화가 전해오고 있습니다. 한 번은 금식주간에 성 프란시스가 제자들과 금식을 하고 있었는데, 금식이 너무 힘들었던지 한 제자가 주방에 가서 몰래 음식을 훔쳐 먹었습니다. 이것을 알게 된 제자들은 이구동성으로 수도원 공동체에서 그 자를 쫓아내야 한다고 했습니다. 이 때 프란시스는 주방장에게 음식을 가지고 오라고 하고는 "자 다같이 나누어 먹자" 하고 음식을 먹기 시작했습니다. 이때 주방장이 깜짝 놀라 "스승님, 지금은 금식기간입니다" 라고 했습니다. 그러자 성 프란시스는 "금식으로 형제를 정죄하기 보다는 이렇게 같이 먹으므로 형제의 허물을 보지 않는 것이 올바른 금식이다"라고 했다는 일화가 있습니다.

또한 예수께서는 제자들의 미래를 내다 보셨습니다. 저들이 과연 하나님나라 복음을 계속 선교할 수 있을까? 교회와 양 무리를 인도하고 지도해 갈 수 있을까? 어떻게 제자들로 하여금 본연의 제자직, 사도의 위치를 갖게 할 수 있을까? 겸손과 섬김, 사명과 헌신의 위치를 찾고 나아갈 수 있도록, 예수님은 제자들의 발을 씻기시므로 본보여 주셨습니다.

우리의 대부분의 문제는 자기의 권리를 앞 세우기 원하고, 자기의 권리를 찾으려고 광분하고 있는 데 있습니다. 지금 우리사회는 사람자체의 내면적 가치보다는 그가 지니고 있는 물질이나 지위, 권력을 그 사람의 가치로 판단하는 병든 사고에 너무 깊이 빠져 있어서, 이제는 그러고 사는 것이 당연한 것처럼 여기는 사회가 된 것이 아닌가 싶습니다. 그러나 자기의 권리만을 주장하고 앞 세우는 한 문제해결은 없다는 것을 알아야 합니다. 따라서 우리 각자는 자기의 의무에 충실하고 상호간에 맡은 일에 대하여 신뢰하며 책임을 다해야 합니다. 더 나아가 자기 의무 이상의 특이한 행동, 즉 사랑의 섬김과 책임질 줄 아는 신앙인의 삶을 본보일 때, 우리 주변에 얽히고 설킨 문제점들을 풀어 갈 수 있습니다.

5.

혜인 국희종 선생의 신앙의 여정을 나름대로 가늠해 봅니다. 그는 교파와 기존 종교의 틀을 넘나들면서 자유롭게 오직 신앙일변도의 외로운 길을 걸으셨습니다. 무엇보다 특이한 것은 성서 말씀과 진리, 그 자체에 대한 열정이었고 복음의 독립전도자로서의 삶을 살았고, 가난한 자, 병든 자들로 총칭되는 작은 자들(민중), 약한 어린 생명과 여성에 대한 도움과 치료와 돌보심이었습니다. 실로 그는 그들에게 완전히 자신을 일치시키고 자신은 정작 가난하고 약하고 낮은 자의 생활을 자취하여 살았습니다. 실로 그는 그들을 깊이 이해하고 그들 가까이에서 신앙과 사랑하는 일을 해 오신 보기 드문 분입니다. 그는 의사(醫師)이니 여유 있는 생활을 할 수 있었는데도 가난한 작은 자들을 위하여 끔찍히 위하셨고, 그는 가진 자 측에 설 수 있는데도 진정 약한 자, 없는 자들을 사랑하며 보호하며 살았습니다. 최고 지성을 갖춘 자로 자처할 수 있었는데도 모르는 자들, 천진한 어린이들과 병약한 여인들을 돌보고 가르치고 함께 하였습니다.

아마도 1960년대부터 인가 싶습니다. 내가 지켜보고 신앙의 사귐을 해 오면서 입니다만, 혜인 선생은 또한 진실과 겸손을 보여주시고 가르쳐 준 참된 인격을 가진 참사람이었습니다. 결코 거짓을 도모하고 꾀하며 말하고 행동하는 일은 느껴보지 못했습니다. 그는 무슨 인권운동 민주화 운동이나 사회운동에 나서신 적이 없지만 언제나 조용하고 힘 있는 내적인 정의감, 예언자적 통찰력을 피력하는 것을 신앙과 성서에 관한 대화 중에서 목격할 수 있었습니다. '의에 주리고 목마른 자'였습니다.

義란 무엇일까 하고 생각해 봅니다. 그것은 公正, 無私, 正直, 人權, 尊重, 平等思想 등을 의미합니다. 때로 나는 혜인 선생과 신앙의 대화를 주고받노라면 결코 지루하지 않았고 마음속에서 무엇이 솟아오를 듯한 귀한 용기와 더불어 평화를 가질 수 있었던 것을 회상합니다. 옛적부터 義는 한 나라의 기초라고 하였습니다. 義가 없으면 터전이 흔들리는 집과 같아서 그 집이 무너질 것이라 하였습니다. 義가 없다는 말은 부정과 불법과 착취와 뇌물과 약탈과 악행이 마음대로 자행되는 상태를 가리키는 말입니다. 따라서 나라와 사회의 기초가 義이어야 할 뿐만 아니라, 개인의 삶의 인격적 기초도 義인 것입니다. 무엇보다 먼저 공의, 공정, 평등, 정직의 정신의 터가 되어 있어야 하나의 건전한 신앙인격이 설 수 있다는 말입니다.

그러나 혜인 선생은 말하곤 하셨지요! 남들이 문제가 아니고 사회가 문제가 아니고 우리 각자인 나의 인격, 나의 마음, 여기에 문제가 있는 것 아니겠습니까? 따라서 나 하나 바로 설 수 있다면 모든 문제가 다 해결되는 것 아니겠습니까? 그렇게 쉽게 아무나 만나기 쉽지 않은 국희종 선생님, 그는 적어도 이렇듯 귀한 교훈을 우리에게 조용히 숨어 살면서 교훈하셨던 분이라 회상됩니다.

혜인 선생은 진지하고 때로는 준엄하게 보이지만 그가 누리는 삶 자체가 존재의 기쁨과 평화로웠고, 정말 웃음과 유머감각이 있어서 그의 옆에는 늘 매력과 향기, 웃음꽃이 피어나곤 하였습니다. 그는 진실로 가난, 약함, 병듦, 아픔을 겪으면서 삶과 죽음의 기로에서도 신앙의 깊이와 생명의 영성을 간직하셨습니다. 마지막 그는 그의 병고를 많은 병든 자들의 아픔을 짊어지는 것으로 생각하였고, 사회의 병과 지구촌 大地

의 아픔을 당신 가슴으로 옮겨 짊어지는 것으로 자의식(自意識) 하였을 것입니다. 1999년에 영원한 나라에 부름 받으셨으니 올해가 20주기, 이에 즈음하여 그분의 묘에 묘비를 세우며 간소한 그러나 의미 있는 제막예식을 하려는 것입니다. 이 땅의 작은 자들과 함께 살았던 예수님의 제자들의 발을 씻으신 삶, 그리스도를 본받아 살았던 사랑하시는 주의 종, 국희종 선생님을 추모하며, 가족들과 여기 모인 성도님들에게 하나님의 무한한 위로의 은총이 함께 하시기를 바랍니다.

6.

마감의 말씀을 하겠습니다. 제자들의 발을 씻으신 예수님의 삶을 본받아 작은 자들을 섬기며 한 생을 사신 혜인 선생의 자취를 따라 우리도 그리스도 예수를 본받는 근본정신을 회복해야 합니다. 우리가 한번 성령의 뜨거운 체험을 하고 새 사람으로 변화를 받아 살고 있다 해도 항상 자기를 성찰하는 신앙자세를 가져야 하며 또한 겸손한 생활에 철저해야 합니다. 우리 믿는 자의 근본정신은 의무이상의 희생적인 섬김의 정신으로 살아가는 삶입니다. 바울은 "오직 내가 그리스도 예수께 잡힌 바 된 그것을 잡으려고 좇아가노라"(빌3:12)고 했습니다. 이것이 나의 이상이요 비전입니다. 나의 기쁨도 그리스도요 나의 영광도 그리스도요, 사는 것이 그리스도니 죽는 것도 유익합니다. 이것이 그리스도인의 진정한 모습입니다.

혜인 선생이 복흥 땅을 밟고 그의 젊음을 복음의 독립전도자로서 예수님의 하나님나라 복음을 전한 일에 대하여는 분명히 신앙의 유산으로 기억하여야 할 역사적 사건입니다. 꿈이 많은 젊은 시절에, 그가 의사(醫師)의 신분으로 무의촌에 자원하여 복흥 땅에 들어와 혜인의원을 개원하고 의사로서의 역량을 발휘하였습니다. 그러나 그는 단순한 한 의사로서만이 아니었습니다. 그의 내면 중심에는 예수의 영으로 무장한 사랑과 겸비, 인내와 평화, 기쁨과 희열의 열기가 타오르고 있었습니다. 그는 먼저 치료받는 환우들을 대상으로 약하고 어려운 이웃들을 섬기며 겸손히 사랑의 행위를 실천하였습니다. 치료가 끝나면 반드시 "예수 믿으세요!"라고 인사를 하셨습니다.

드디어 복흥 땅 정산리에 기다리던 성령역사하심의 성령강림의 역사적인 사건이 일어났습니다. 하나님 말씀의 충만하심과 새벽기도의 뜨거운 기도, 많은 무리들이 모여 들었고, 기쁨으로 찬송을 불렀습니다. 상부상조의 나눔, 평화의 교류가 있었습니다. 사도행전의 처음교회의 현상을 분명히 연상할 수 있는 것으로 회상합니다. 여기 참여하신 당시의 교우들이 이제는 60, 70대가 되었는데 여러분이 모두 이 역사적인 성령강림의 사건에 대한 증인들이십니다.

그리스도가 생의 목적이요, 생의 의미요, 생의 기쁨이요, 생의 영광이요, 생명 그 자체입니다. 특별한 애정을 갖고 권면드립니다. 복흥 출신 형제자매 분들의 신앙의 삶을 격려와 희망을 갖고 기대를 하고 싶습니다. 이젠 여러분들도 60, 70대가 되었습니다. 많은 일들을 겪었으니 이제부터는 서로 이해하고 사랑하며 신앙의 형제자매들로서 좌우로 치우치지 말고 앞을 향하여 성숙한 신앙인격으로 예수 닮아 사시기를 바랍니다. 혜인 선생님의 가족 분들과 이 자리에 참여하신 여러분들에게 하나님의 은총이 함께 하시기를 바랍니다.

낮은 목소리 이사야, 국희종 선생님!

현장송(시인)

낮은 목소리로
낮은 목소리로만 사셨던
국희종(鞠喜棕) 선생님
"하나님을 섬기는 것보다
더 큰 목적이 없고
하나님을 섬기기 위해
남 모르게 참는 손실보다
더 큰 가치는 없다!"시며
낮은 자세로 한없이
낮아지는 마음으로 사셨던 선생님!

반듯하면서도

깨알같이 작은 글씨로 쓰시는 편지 글 줄엔
"인생은 내면세계가 더 큰 세계!"라며
"고통이 어디서부터 오는 것이고
그 의미가 무엇인지를 깨닫는다면
괴로움이 아니고 즐거움이라"시며
낮은 목소리로 속삭여 주시고

"자신의 욕망을 하나님 뜻에 복종시킬 때
의미 없는 고통은 있을 수 없다."시며
우주를 움직이는 웅변을 담아
어리석은 마음을 깨우치사
천 길 낭떠러지에 떨어진 삶들을
길어 올리시고
무엇을 나눌 수 있을까만 염려하셨던 선생님

"인류 역사를 경륜하시는 하나님만을 신뢰하고
도덕으로 순결을 지키는 국민으로
이웃과의 평화정착에 의한
국방안전을 기할 것"을 예언하셨던 이사야를

지극히 사랑하셨던 선생님!
“이 민족이 언제쯤 제 정신이 들려는지
민주화의 길이 요원하다”시며

“남북으로
동서로 갈라져 대립하는 등
정치가들의 탐욕스런 정권욕이나
정치선동에 우왕좌왕하는
몰지각한 국민들의 책임의식 결여 등
모두가 불신!
썩어질 육적인 것만 추구한 필연적 결실인가
하나님 앞에 두려움을 금할 수 없는 이때

기독자는
오직 주의 나라만을 대망!
예수만을 앙모!
복음 사명에 충실해야 한다”시며
낮은 목소리로
우리들 영혼을 흔들어 깨우시는

우리의 이사야 국희종 선생님!

건강하고 튼튼한 시민사회를 만들고
건전한 나라로 움돋는
시대정신을 키우기 위해
〈광주기독의사회〉를 만드시고
낮은 목소리로 이사야를 가르치셨던
낮은 목소리 이사야!

땡볕을 식혀주는 구름 떼가 떠내려가고
뉘엿뉘엿 서녘하늘을 감아올리는
저녁놀이 펼쳐지는
복홍 산자락에 자리를 틀고
〈복음농민의숙(福音農民義塾)〉을 여시고
어린 영혼들을 모아
혼불을 지피셨던 선생님!

선생님은 복홍에서
그리스도의 복음을 전파하셔

복 받은 땅으로 일어나게(福興)하시고

밝은 세상 열기를 하셨던

낮은 목소리 이사야!

‘높세울’

국희종 선생님!

국희종 선생님 승천에 즈음하여-

2019년 5월 5일

마음

평소 좋아하는 시를 소개하며 국 선생님을 추모합니다

정인순(의사)

볼 수도 만질 수도 없는 것이 마음이지만
사람을 움직일 수 있는 것은 진실한 마음뿐입니다

편안한 만남이 좋습니다
말을 잘 하지 않아도 선한 웃음이 정이 가는 사람

장미처럼 화려하진 않아도
들의 풀꽃처럼 성품이 온유한 사람

머리가 뛰어난 냉철한 사람보다
가슴이 따뜻하여 상대의 가슴도 따뜻하게 해주는 사람

마음이 힘든 날엔 떠올리기만 해도
그냥 마음이 편안해지고 위로가 되어주는 사람

사는 게 바빠 자주 연락하지 못해도
서운해 하지 않고 말없이 기다려 주는 사람

내 속을 하나에서 열까지 다 드러내지 않아도
짐짓 헤아려줘서 너그러이 이해해 주는 사람

양은냄비의 물처럼 빨리 끓지 않아도
뚝배기처럼 느리고 더디게 끓어도
한번 끓은 마음은 결코 식지 않는 사람

사람을 물질로 판단하지 아니하고
사람의 마음의 중심을 알아보는 사람

진솔함이 자연스레 내면의 향기로 배어있어서
저절로 배어나오는 사람

세상풍파, 사람풍파에도 쉬이 요동치지 않으며
늘 변함없고 한결같은 사람

그래서 처음보다 알수록 더 편안한 사람
나도 그런 사람이 되고 싶어라
그리고 그런 사람을 만나고 싶습니다

작가는 잘 모르겠지만 너무 마음에 와 닿아 평소 즐겨 읊는 시입니다. 특히 "진솔함이 자연스레 내면의 향기로 배어있어서 저절로 배어나오는 사람"

이런 분을 저는 어릴 적부터 만났었고 지금도 계십니다. 바로 국희종 선생님을 떠올리면 그분의 표정과 목소리에서 진솔함과 따뜻함이 지금도 선명하게 느껴집니다. 그리고 저는 국희종 선생님 사모님에게서도 항상 같은 느낌을 받습니다.

신앙의 궁극적 목적이 마음의 위로와 신뢰감, 믿음에서 오는 내적 강인함이라고 생각합니다. 국 선생님의 표정과 그분에게서 풍기던 내적 향기를 우리가 자주 기억하면 우리도 어느덧 그분을 닮아 가리라 생각합니다.

그리고 국 선생님 주변에는 정말 진솔한 분들이 계셨기 때문에 함께 마음을 모아 의미 있는 신앙 활동을 하실 수 있으셨고 지금까지도 이렇게 국 선생님을 그리며 그분의 정신을 계승하고자 모였습니다. 우리는 그분을 만났던 행운에 감사하며 국희종 선생님의 향기를 지니는 사람이 되도록 일상에서 노력해봅시다.

자, 지금 우리 한번 국 선생님의 따뜻한 미소와 진솔한 표정을 떠올리며 최대한 국 선생님을 흉내 내봅시다! 이렇게 흉내 내다보면 어느덧 우리자신도 국 선생님이 되어가리라 믿습니다.

새마을운동의 선구자 김준 선생과 복흥의 성자 국희종 선생

조동희(수필가)

복흥면 체육공원에 가면 특별한 비석이 세워져 있다. 비명(碑銘)은『惠仁 鞠喜棕 先生 頌德碑』(혜인 국희종 선생 송덕비).

복흥면, 나아가 순창 출신이 아니면서도 반평생 동안 복흥 땅과 복흥 사람들을 사랑하다가 복흥 땅에 묻힌 혜인 국희종 선생의 은덕을 기리기 위해 복흥 면민들이 세운 송덕비다.

국희종 선생은 목포에서 출생하였으며, 1948년도에 광주의학전문학교(전남대학교 의과대학 전신)를 졸업한 의사로, 독실한 기독교인이었다. 부친 또한 경성의학전문학교(서울대학교 의과대학 전신)를 일찍이 나온 의사로서 아들이 당신의 병원을 도와주기를 바랐지만, 막상 본인은 봉사의 길을 찾고 있었다. 그러던 중 6·25 동란이 발발하자 경남 양산에서 피난민들을 치료하다가 해군 군의관으로 입대한다. 군의관 시절, 선생은 근무시간 후에는 빈곤한 사람들이 모여 사는 산동네를 돌며 아픈 사람들과 가난한 사람들을 돌보는 데에 봉급을 털고 시간을 들이었다. 그러다가 1958년도에 전역한 선생은 전남 여수의 애양원에서 얼마 동안 나환자들을 돌보면서 나환자촌 건설을 꿈꾸게 된다.

그렇다면 복홍면과는 전혀 연관이 없는 국희종 선생이 어떻게 복홍과 연을 맺게 되었을까? 여기에는 혜경 김준(惠耕 金準) 선생이 있다. 나환자촌 부지를 물색하던 중 김준 선생을 소개받게 되었다.

김준 선생은 전남 영광군 군남면이 고향이며, 이리농림학교를 거쳐 수원농림학교(서울대학교 농과대학 전신)에서 임학을 전공하였고, 6·25 직후 전남대학교 임학과 교수였다. 그러나 선생의 꿈은 덴마크의 달가스처럼 전쟁 후 계속되는 흉년으로 피폐해진 우리 농촌을 푸르고 잘 살게 하는 것이었다. 6·25 종전 직후, 8할 가까운 국민들이 농업에 종사하면서도 산들은 헐벗고 대부분 사람들이 굶주림에 시달리고 있었으니 산이 푸르러지고, 농촌이 잘 살게 되면 자연스레 나라도 부강해질 것이라는 생각에서였다. 선생은 고민 끝에 대학 강단에서의 강의만으로는 꿈을 실현할 수 없다는 생각으로 1955년도에 대학 교수의 자리를 훌훌 떨치고 나와 고아원 등에서 봉사하다가 1959년도에 고향의 재산을 정리하여 가마골과 인접한 복흥면 답동리 비석마을에 들어와 뜻을 같이 하는 몇몇 사람들과 함께 공동생활을 하였다.

김준 선생과 국희종 선생은 1926년생 동갑으로, 두 분은 첫 만남에서 서로에게 이끌렸다. 그래서 밤이 깊은 줄도 모른 채 대화를 나누면서 호(號)도 함께 지어 나누었고, 각자가 해야 할 일에 대해서도 의논했다. 지어 나눈 호는 기독교 정신이 투사된 혜경(惠耕)과 혜인(惠仁). 농부의 마음(農心)으로 은혜 안에서 밭을 갈고, 가난한 사람이 되어 은혜 안에서 인술(仁術)을 베풀자는 의지가 담긴 호였다.

두 분이 처음 만난 때는 1960년 여름이었으며, 장소는 김준 선생이 생활하고 있던 비석마을이었다. 당시 복흥은 오일장이 열리고 있었지만 무의촌 지역이어서 환자가 생기면 오십 리 밖까지 나가야 겨우 의사의 치료를 받을 수가 있었다. 거기에다 면소재지에는 교회도 없었다. 이러한 사정을 들은 혜인 선생은 '나환자촌 건설' 대신 '소외된 지역에서의 의료 활동과 기독교 전파'에 뜻을 정하고 무의촌이었던 복흥의 면소재지인 정산리에 병원을 개설, 운영하면서 집회소도 만들어 기독교를 전파하게 된다.

주지하다시피 복흥면은 쌍치면과 함께 순창군에서도 으뜸

가는 산악지역인 데에다 휴전 후에까지도 총성이 계속되어 6·25의 피해가 매우 컸고, 거기에다 주민들은 좌와 우라고 하는 서로 다른 이데올로기 때문에 서로를 믿지 못하고 있었다. 생활 또한 전통 농사법만 이어져 오다 보니 대부분의 사람들은 허리를 졸라매야 했다. 이렇게 꽉 막혀있던 복홍이라는 오지는 두 분에 의해서 과수와 버섯재배·양봉·축산 등 새로운 농사법이 선보여지고, 환자들은 멀리 가지 않고도 의사의 치료를 받게 되었으며, 기독교가 전파되면서 심적으로 피폐한 사람들이 마음의 안정을 찾기 시작한다.

이듬해 두 분은 비석마을의 혜경 선생 주거지에 〈복음농민의숙〉을 만들어 중학교에 진학하지 못한 청소년들에게 근면(勤勉)·자조(自助)·협동(協同)의 정신을 강조하면서 중학 과정과 농사법을 가르치는데, 상당히 많은 청소년들이 모여들어 배움에 대한 열기를 보였다. 의숙은 삼년 동안 운영된다.

이후, 김준 선생은 5·16 후에 조직된 재건국민운동[1]에 뒤늦게 합류하였다가 나중에는 새마을운동을 이끌면서 교육을 주관하게 되는데, 새마을교육의 기본 틀인 근면·자조·협동정신은 〈복음농민의숙〉에서의 경험을 바탕으로 만들어졌다. 이 정신을 바탕으로 한 새마을운동이 오늘날의 우리 농촌발전의

1) 5·16 후에 조직된 재건국민운동본부는 유달영 박사가 이끌게 되는데, 유 박사는 출범 초기부터 후배인 김준 선생을 답동으로 세 차례 찾아와 함께 활동할 것을 권고하였음. 뒤늦게 합류한 김준 선생은 전남지부를 거쳐 경북지부를 이끌던 중 당시 대구를 순시하던 국가재건최고회의 박정희 의장과 조우. 이후 서울 본부로 옮겨갔다가 박정희 대통령을 다시 만나면서 새마을운동을 이끌게 됨.

기틀이 되었다는 것은 부인할 수 없는 사실이다.

국희종 선생은 도회지 큰 병원에서의 초빙도 거절한 채 복홍면의 가난한 환자들에게는 무료진료, 중환자들에게는 수술주선, 굶주리는 사람들에게는 식량을, 추위에 떠는 사람들에게는 몸에 걸친 옷도 아낌없이 벗어주었으며, 젊은이들에게는 학업과 직장을 알선하였고, 정신적으로 피폐한 사람들을 위하여 기독교 전파에 심혈을 기울였다. 선생의 이러한 정신은 구림면, 동계면, 쌍치면 등에서 공의로 근무하는 동안에도 변함이 없었지만, 이때에도 복홍 사랑은 한결같았다.

그래서 두 분을 아는 사람들은 김준 선생을 한국의 달가스, 새마을운동의 선구자라 부르고, 국희종 선생을 복홍의 성자, 한국의 슈바이처로 입을 모으고 있고, 또 어떤 이들은 국희종 선생을 한국의 노벨평화상 후보감이라고도 하였다. 그러나 이제는 두 분 모두 이 땅에 안 계신다. 혜인 국희종 선생은 1999년 5월에 하늘의 부름을 받으셨고, 혜경 김준 선생은 2012년 2월에 흙으로 돌아가셨다.

혜경과 혜인, 그리고 복홍과 순창. 순창 땅 복홍에서는 결코 두 분 선생을 잊을 수 없고, 두 분 선생을 떠올리다 보면 순창 땅 복홍을 빼놓을 수 없다. 복홍에 새겨진 두 분의 발자국이 워낙 깊기 때문이다. 그래서 복홍 사람들은 2010년에 혜인 선생의 복홍사랑을 잊지 못해 송덕비를 세웠고, 새마을정신의 고향인 복흥면 답동리 비석마을의 혜경 선생 근거지에 기념관과 기념비가 세워질 계획이다. 계획이 완성되면 복흥 면민들은 물론이요, 새마을운동과 선생을 아는 분들에게는 뜻깊은 곳이 되지 않겠는가.

혜경의 농민 사랑과 혜인의 복흥 사랑은 영원히 기억되리라.

국희종 송덕비(鞠喜棕 頌德碑) 건립 기념사

국영종(국희종 선생의 동생)

먼저 고 국희종 선생 가족의 한 사람으로서 이 귀한 송덕비를 마련해 주신 윤영길(尹永吉) 복흥 면장님을 비롯하여 여러 유지들, 그리고 이곳 출신의 제자들 여러분에게 심심한 감사를 드립니다.

저 국영종은 고인의 9 남매 중에 유일한 남동생으로 4살 아래입니다. 이제 저는 형 보다 7년을 더 살았습니다. 저는 형님과 같이 의사가 되었으나 환자는 돌보지 않고 기초의학을 전공하는 의학자로, 의학교육자로 평생을 지냈습니다.

처음 형님의 송덕비를 건립한다는 얘기를 듣고 먼저 축하하는 마음이 들었으나, 또 한편으로는 만약에 형이 이것을 들었다면 어쨌을까? 하고 생각해 보니...."아니야, 형은 펄쩍 뛰고 적극 만류하였을 것"이라는 생각에 미쳤습니다. 형님은 "어디까지나 하나님이 자기에게 내린 사명을 지키려고 노력했을 뿐이고, 하등 자기의 명예나 욕심을 위한 생을 산 것이 아니라"고 하실 것이 틀림없다는 생각이 들었습니다. 그는 늘 봉사와 자기희생을 생의 목표로 하고 "오른 손이 한 일을 왼손이 모르게 하라"는 예수님의 말씀을 따라 겸양과 절제를 실천하고 살았던 분이기에 저는 착잡한 마음이 들었습니다.

형님은 유명한 의사이시던 선친 국순홍(鞠淳弘) 의사의 의업을 이으려고 의사가 되었고, 또 우리 9남매 중 8명이 의사이고 조카들까지 합치면 약 30명의 의사가 배출된 의사집안의 선두주자로, 집안을 이끌고 아버지의 의업을 계승해야 할 중책을 지고 있었습니다. 그러나 6.25 사변을 당해 뜻을 이루지 못하고 해군에 복무한 후, 집안의 기대와 촉망을 외면하고 평탄한 개원의의 길과 온갖 안일과 평안을 버리고, 홀로 이곳 무의촌에서 온 몸을 바쳐 가난한 병자를 돕고 영적인 구원을 위하여 헌신 하였습니다.

"한 알의 밀이 땅에 떨어져 죽지 아니하면 한 알 그대로 있고, 죽으면 많은 열매를 맺는다"는 예수님의 말씀대로 형님은 이곳 황무지에 자신을 죽여 묻힘으로서 큰 열매를 맺은 것입니다.

얼마 전에 '무소유'를 설파하고 손수 실천하신 法頂스님이 열반하여 세상을 떠들썩하게 하였습니다. 그는 부처님 말씀처럼 세상의 모든 것을 버림으로써 사파의 번뇌로부터 해탈

하고 열반한다고 하였습니다. 그러나 사파에 사는 우리 같은 범인들에게는 모든 것을 버리는 것은 쉬운 일이 아닙니다. 더욱이 육체의 고통과 병고는 지상에 사는 모든 생명이 가장 피하고자 하는 것입니다. 병마를 퇴치하여 중생을 병고로부터 해방시키는 것은 모든 의사들의 사명이고 숭고한 이상입니다. 그러나 대부분의 의사들은 병자를 도와 고통을 덜어 주고, 그에 따르는 보수로 자신의 안락과 높은 사회적 지위를 얻고 만족하고 있습니다.

그러나 형님은 그 당시 모든 의료혜택에서 외면당하고 있던 이곳에서 환자를 돌보아 진정한 의사로서의 사명을 실천하였습니다. 더 나아가, 병고에 시달리는 육신의 치유 뿐 아니라 심령의 구원에 온 몸을 바치신 예수님을 따라 살기를 원하여 하나님의 복음을 전파하고 병든 영혼을 돌보는데 몸과 마음을 다하고 모든 것을 바쳤습니다. 어느 면으로는 법정스님과는 차원이 다른, 진정한 인류애의 실천이라고 할 수 있습니다.

그러한 고인의 뜻을 기려, 5월5일 오늘 제88회 어린이날에 이곳에 기념비를 세우는 것은 매우 뜻 깊은 일이라 생각합니다. 우리 민족의 장래를 짊어질 새싹들에게 정신적 지주가 되어주고, 본받을 하나의 역할 모델[role model]을 보여주고, 방황하는 영혼들을 위한 등불을 보여준다는 것은 매우 중요한 일입니다. 그런 뜻을 말씀 드리고 간곡히 부탁드린다면 형님께서도 고사를 거두시고 이 기념비의 건립을 응낙해 주실 것으로 믿습니다.

끝으로, 이 기념비 건립을 추진하신 윤영길 면장님을 비롯하여 복흥의 여러 어르신들에게 다시 한 번 감사의 말씀을 올리고, 모든 복흥 면민의 행복과 번영을 빕니다.

감사합니다.

혜인 국희종 선생님 송덕비 제막식 축사

윤영길(복흥면 면장)

안녕하십니까?

여러 가지로 바쁘신 가운데도 불구하고 오늘의 뜻있는 행사를 더욱 빛내주시기 위해서 참석해 주신 모든 분들께 고맙고 감사하다는 말씀드립니다.

아울러 저희 면민의 뜻을 고맙게 받아주시어 오늘의 행사를 치를 수 있게 배려 해주신 선생님의 미망인이신 김남호 여사님을 비롯한 가족 분들과 행사에 적극 협조하시고 참여해주신 제자 분들의 모임인 〈천우회〉 박동래 회장님과 회원님들께 감사의 말씀드립니다.

또한 오늘의 행사를 치르시는 유연주 〈사회단체협의회〉 회장님을 비롯한 회원님들께 수고하시어 고맙다는 말씀을 드립니다.

일신의 부귀와 명예를 멀리 하시고 무척이나 궁핍하고 어려웠던 첩첩산골 오지에 현대의술의 혜택을 받기엔 너무나 어려운 저희 복홍 면민들에게 인술을 펼치시고 배움에 목말라 하는 사람들에게 배움의 목을 적셔주시고 많은 사람들에게 믿음의 길도 전도하셨던 선생님의 고귀한 뜻을 기리는 행사를 오늘에야 한다는 것이 만시지탄의 감이 있습니다. 이제라도 조촐하나마 뜻을 기리며 추모하는 행사를 갖게 됨을 한편으로 무척이나 다행스럽게 생각하며 기쁘기 짝이 없습니다.

저는 우연한 기회에 선생님의 신앙문집 『어둠을 빛으로』라는 책을 읽고서 60년대 그 힘들고 궁핍했던 저희 면의 실상을 다시 한 번 실감하게 되었고 아울러 선생님의 아름답고 거룩한 희생과 봉사정신을 조금이나마 알 수가 있었었습니다.

저는 오늘의 송덕비 제막식을 계기로 저희 면민들이 선생님의 아름답고 고귀한 사랑과 희생정신을 널리 알리는 것은 물론 저희 복홍 면민의 표상으로 길이 보전할 것입니다.

아울러 여기에 자리를 함께하신 면민들께 당부 말씀드립니다.

오늘의 송덕비 제막식이 단순히 혜인 국희종 선생님의 거룩하고 아름다운 희생과 봉사정신을 널리 알리고 기리는데 그치는 것이 아니라 그 고귀한 희생, 봉사, 사랑 정신을 바탕으로 저희 면민들이 앞으로도 더욱 더 서로를 아끼며 사랑하고 화합하여 복 받고 홍한 복홍을 만드는 디딤돌과 계기가 되었으면 하는 간절한 소망이고 바람이기도 합니다.

다시 한 번 오늘의 송덕비 제막식을 면민 모두와 함께 축하드리며 기쁘게 생각하면서 오늘 행사의 의미가 길이길이 보전 될 것을 확신하면서 간단하나마 축사에 갈음 하고자 합니다.

오늘 여기에 참석하신 모든 분들께 고맙다는 말씀드립니다.

감사합니다.

독립전도자 혜인 국희종 선생 송덕비 비문

맑고 깨끗한 영혼으로 시대를 진단하고 민족의 안위와 국가의 장래를 노심초사 염려하신 이 땅의 선구자요 독립전도자이신 혜인 국희종 선생은 1960년 정신과 물질에서 곤궁하며 무의촌으로 현대의술에서 소외되었던 복흥면 정산리에 "혜인의원"과 교회를 설립, 가난한 환자들에게는 무료진료, 중환자들에게는 수술주선, 굶주리는 사람들에게는 식량을 아낌없이 베풀었고 기독교 전파에 힘썼으며 답동의 '복음농민'의숙에서 어린 영혼들을 교육하여 민족의 혼불을 지피시려 혼신의 힘을 다하셨다. '광주기독의사회'를 이끌어 후배의사들에게 의술이 생명을 살리는 인술이 되도록 인도해 환자들로부터 가마골 성자로, 가난한 자들의 아버지로, 한국의 슈바이처로, 일컬음 받았다. 선생의 본관은 담양으로 1926년 2월 전남 목포에서 부란취병원의사인 부친 국순홍(鞠淳弘) 선생과 모친 최명순(崔明順)여사의 2남7녀 중 장남으로 태어나 1948년 6월 광주의과대학교 전문부를 졸업한 후, 1959년 8월 해병대 의무소령으로 전역 후 여수 애양원에서 나환자들을 돌보다가 무의촌인 복흥으로 들어와 반평생을 복흥 사람들과 동고동락하였다. 복흥에 있을 때나 떠나 있을 때나 한결같이 복흥을 사랑하고 복흥 사람들을 위해 모든 것을 아낌없이 바치시다. 자신을 위해서는 아무것도 남기지 않으신 채 1999년 5월 8일 소천 하여, 모랭이 안뜰 느트실에 계신다.

혜인 국희종 선생 서거 11주년에 즈음하여 복흥 민면들이 선생님의 높은 뜻을 기려 이 비를 세웁니다. 2010년 5월

오직 믿음!

(혜인 국희종 선생님 소천 11주년 추모행사 및 송덕비 제막식 등을 회고하며)

최병주(평택시 공무원)

「복음에는 하나님의 의가 나타나서 믿음으로 믿음에 이르게 하나니, 기록된 바, "오직 의인은 믿음으로 말미암아 살리라." 함과 같으니라.」(로마서 1:17)

1

지난 5월 5일은 참으로 뜻 깊은 날이었습니다. 조동희 선생님의 사회로 전준덕 선생님의 설교와 유족 대표 국영종 선생님의 인사말씀 등으로 알차게 진행된 혜인 국희종 선생님 11주기 추모예배 행사와 더불어, 특별행사로 순창군 복흥면사무소에서 주관한 「독립전도자 혜인 국희종 선생 송덕비 제막식」행사가 있었기 때문입니다.

이번 국 선생님 송덕비 제막식 행사는, 마침 농번기라서 지역주민들의 참여도가 떨어져, 자칫 초라한 행사가 되지 않을까 하고, 주최자인 복흥면사무소 당국에서는 몹시 염려하였다고 합니다.

그러나 이런 우려와는 달리, 김남호 사모님을 비롯한 국 선생님의 유족분들, 경향각지에서 찾아오신 제자 및 신앙친지분들, 그리고 복흥면장, 우체국장, 농협장을 비롯한 면단위 기관장님들과, 복흥면 사회단체장 대표 등, 복흥면에서 내로라하는 유지분들과 주민 등 300여명이 운집하여, 시종 센 바람이 부는 가운데서도 아무 차질 없이 성대하게 거행하게 되어 여간 다행한 일이 아니었습니다.

제1부 추모예배가 끝난 뒤, 곧바로 복흥면 부면장님의 사회로 오전 11시 30분부터 시작된 국 선생님 송덕비 제막식에서, 사회자인 부면장님이 윤영길 복흥면장님을 비롯한 지역유지분들과, 선생님의 유족, 친지 및 제자 분들의 면면을 시간을 할애하여 소개해주어 감사했습니다.

이어서 복흥면사회단체장 대표님과 복흥면장님의 축사가 있었는데, 5월 6일자 〈전라일보〉의 기사와 같이, "1960년대 정신과 물질에서 곤궁하며 무의촌으로 현대의술에서 소외됐던 복흥면 정산리에 '혜인의원'과 교회를 설립, 가난한 환자들에게는 무료진료를, 중환자들에게는 수술주선 등 생명을 살리는 인술을 실천하셨으며, 또 정작 본인은 영양실조로 고생하면서도, 굶주리는 사람들에게 자신이 가진 모든 것을 아낌없이 베풀어 '가난한 자들의 아버지' 로 일컬음을 받으신 국희종 선생님의 고귀한 희생을 뒤늦게 알게 되어 만시지탄(晩時之歎)이긴 하지만, 복흥면 사회단체협의회에서 이날 송덕비 제막식을 계기로, 한결같이 복흥을 사랑하고, 복흥 사람들을 위해 모든 것을 아낌없이 바치다, 자신을 위해서는 아무것도 남기지 않은 채 돌아가신 혜인 국희종 선생의 고귀한 뜻을 후대에 길이 기려 나갈 계획" 이라는 취지의 말씀이 있었습니다.

특히, 송덕비 건립을 주도한 윤영길 복흥면장님에 따르면, 우연한 계기로 국희종 선생님 신앙문집 제1권『믿음 그리고 사랑』을 정독한 후, 복흥면사회단체장들을 소집하여 선생님의 송덕비 건립을 제안하게 되었다고 합니다.

송덕비 건립을 위한 회의를 개최할 때, 20여명이나 되는 사회단체장들 가운데에서 단 한 사람도 건립을 반대하는 사람이 없었다고 하는 사실을 그분들이 하는 이야기를 듣고 알게 되어 감사한 마음이 솟구쳐 올랐습니다. 이는 필시 우리 주님께서, 사려 깊은 기관장을 통하여 사회단체장님들 모두의 심금(心琴)을 울리신 결과라고 저는 생각합니다.

송덕비 건립 장소도 면민들은 물론, 순창군민들과 전남대학

등 외지 대학생들이 자주 모이는 면소재지 체육소공원 안에 조성되었기 때문에 많은 사람들이 쉽게 접근할 수 있는 곳이라서 정말 좋았습니다.

다만, 한 가지 아쉬웠던 점은, 비석의 높이가 좀 낮고, 설치 장소가 소공원 진입로와 바짝 붙어있기 때문에, 동네 개구쟁이들이 쉽게 송덕비에 올라가서 장난을 치거나 훼손할 우려가 있는 점이었습니다.

그래서 우리 측에서는 기단을 한 30센티미터 가량 높이고, 길에서 안쪽으로 1미터 가량 들여서 설치해주도록 하는 등, 미비점들을 면장님에게 즉석에서 건의함으로써, 면장님으로부터 흔쾌히 해결해주겠다는 약속을 받아내어 매우 안심이 되었습니다.

그리고 송덕비 제막식 후에는, 추모예배 주최 측이 정성껏 준비한 맛깔스러운 음식으로 드넓은 잔디밭 위에서 소풍 온 아이들처럼 옹기종기 모여 앉아서 점심식사를 맛있게 들었습니다. 믿는 사람들과 믿지 않는 사람들이 함께 어울려 식사하는 그 풍경은 마치 한 폭의 수채화처럼 지극히 맑고 평화로운 정경이었습니다. 하늘에서 이 정겨운 코이노니아(친교) 광경을 지켜보신 우리 국 선생님께서도 아마 매우 흡족해하시지 않으셨을까, 하고 생각해보았습니다.

2

김정환 선생님이 엮은 『성서조선 명논설집』 282쪽에 의하면, "이 분이야말로 또 하나의 한국이 슈바이처다." 라고 선생님을 소개하고 있습니다. 그러면 슈바이처는 과연 어떤 분이었을까요? 이 분을 알면 우리 국희종 선생님도 자연히 알게 되지 않을까 하는 생각을 저는 갖게 되었습니다.

알베르트 슈바이처는(1875-1975)는 스트라스부르대학 신학과의 젊은 교수로서, 1905년 30살의 나이에 교수직을 그만두고 의학공부를 시작했습니다. 이때 그는 벌써 음악, 종교, 철학 방면에서 뚜렷한 학문적 성취를 거둔 학자였습니다. 또한 바흐의 오르간 곡 연주의 권위자였고, 스트라스부르 성 니콜라이 교회 부목사로, 신학교의 책임자로 활동하고 있었습니다. 1913년, 아내 헬레네 브레슬라우와 함께 당시 프랑스령 적도아프리카, 현재는 가봉공화국이 된 그곳 랑바레네에 병원을 열기에 이릅니다.

그리고 1920년에 그는 이곳에서 활동한 사연을 모아 유명한 책 『물과 원시림 사이에서』를 집필하였습니다. 잠시 그분의 증언을 들어보도록 하겠습니다.

"의사가 되어 적도아프리카로 가기 위해, 나는 스트라스부르대학의 교수, 파이프오르간 연주자, 그리고 작가라는 신분을 버렸다. 내가 어떻게 그렇게 할 수 있었을까?

원시림의 흑인들이 겪는 육체적 고통을 선교사에게서 듣고 또 신문에서 읽어 알고 있었다. 저 멀리에 있는 그들의 고통을 생각하면 할수록, 커다란 인도주의 과제를 저버리고 전혀 돌보지 않는 우리 유럽인이 이상하게 여겨졌다.

부자와 가난한 나사로의 비유(누가복음 16:16-31)는 꼭 우리를 두고 하는 말이라는 생각이 들었다. 우리로 말하자면 부자다. 의학의 발달로 우리는 병을 고치고 고통을 없애는 많은 지식과 여러 방법을 알기 때문이다. 이런 부유함이 가져다주는 엄청난 이익을 우리는 당연하게 여긴다.

그러나 저 먼 식민지에는 가난한 나사로인 흑인들이 살고 있다. 그들은 우리처럼, 아니 그 이상으로 심한 질병과 고통을 겪으면서도 그것과 맞설 수단을 전혀 갖고 있지 않다. 부자는 분별없이 자기 집 문 앞의 나사로를 저버리는 죄를 지었다. 가난한 자의 입장이 되어 보지 못하고 또 마음의 소리에 귀를 기울이지 않았기 때문이다. 우리가 바로 그 부자다."

우리는 모두 죽기 마련이다. 그러나 그를 위해 고통의 나날을 줄여줄 수 있다는 것이야말로 언제나 새로이 나에게 주어진 커다란 은총이다. 고통은 죽음보다 훨씬 무서운 인류의 지배자이다. 나는 고통으로 신음하는 환자의 이마에 손을 얹고 이렇게 말했다. "이제 괜찮아질 거네. 한 시간 후면 자네는 잠이 들 것이고, 잠에서 깨면 더 이상 아프지 않을 거야." 그리고 진통과 마취 효과가 있는 판토폰 주사를 놓는다. … 수술이 끝났다. 나는 수술 환자가 깨어날 때까지 어두운 입원실에서 그의 옆을 지켰다. 정신이 완전히 다 들기도 전에, 그는 놀란 눈으로 주변을 두리번거리더니 계속 같은 말만 반복했다. "이제 안 아파요. 정말 안 아파요!" 그는 내 손을 더듬어 찾더니 한참을 놓지 않고 꼭 쥐고 있었다.

나는 환자와 곁에 앉은 사람들에게, 우리 부부를 오고우에 지방으로 보낸 분은 예수님이며, 이곳에서 환자를 돌보라고 우리에게 약품을 보낸 사람들은 유럽에 사는 백인이라고 설명하였다. 그리고 설명을 들은 이들이 묻기에, 그들이 어디에 사는 누구며, 아프리카 원주민이 많이 아프다는 것을 어떻게 알았는지 등을 설명하였다.

커피나무 덤불 사이로 비친 아프리카의 햇살이 어두운 입원실 안으로 들어왔다. "너희는 다 형제니라."(마태복음 23:8) "백인과 흑인이 마주 앉은 그 자리에서 우리 모두는 이 말을 진실로 경험했다. 아! 유럽의 후원자들이 이 자리에 함께 있었다면 얼마나 좋으랴!"

우리는 위에 든 슈바이처 박사의 말씀을 통해서, 내장산과 추월산으로 둘러싸인 오지 중의 오지였던 복흥지역에 거주하는 가난한 원주민들의 구원과 치유를 위하여 온몸을 불태워 헌신하신 국희종 선생님의 고귀한 믿음과 이웃사랑의 의미를 생생하게 이해할 수 있으며, 왜 선생님을 한국의 슈바이처라고 일컫는지 구차하게 설명을 드리지 않더라도 잘 아실 수 있을 것입니다.

오늘 본문 말씀인 로마서 1:17절을 함께 공부해 보기로 하겠습니다.

본문 해설은 국희종 선생님께서 생전에 가장 존경하셨던 신앙의 은사 야나이하라 타다오(矢內原忠雄) 선생님이 1940년 9월 초순에 경성(서울)의 YMCA(기독교청년회)회관에서 조선인들과 일본인들이 섞인 회중을 대상으로 5일간에 걸쳐 강의하신 『로마서』강의를 바탕으로 하였습니다. 야나이하라 선생님에 따르면, 그리스도의 사랑이 선생님을 강하게 압박하여 경찰정치의 탄압 아래에 있는 조선인들에게 개인의 구원과 민족의 구원에 관한 그리스도의 복음을 전도하는 일을 압도적인 사명으로 자각하시며, 신분의 위험을 느끼셨으면서도, "내 혈관 속에 있는 한 방울의 피마저 그리스도의 열심으로 불타올랐다." 고 술회하실 정도로 열정을 바친 작품입니다.

「복음에는 하나님의 의가 나타나서 믿음으로 믿음에 이르게 하나니, 기록된 바, "오직 의인은 믿음으로 말미암아 살리라." 함과 같으니라.」

여기서,「기록된 바, "오직 의인은 믿음으로 말미암아 살리라."」는 말씀은 구약성서 하박국 2:4을 인용한 말씀입니다. 그런데, 문제는 '하나님의 의' 라는 것입니다. 하나님의 의를 받는 것이 곧 구원입니다. 구원이란, 하나님의 의의 성취입니다. 이것을 개인에게 주셨을 때는 개인이 구원을 얻고, 사회에 주셨을 때는 사회가 구원을 얻으며, 인류나 우주에 내려주시면 인류·우주가 구원을 얻습니다.

로마서는 이 문제를 논술합니다. 이것을 우리는 차례로 배우려고 합니다. 그것(구원)은 하나님의 의이기 때문에 물론 사람이 만들어낸 것이 아니고, 또 만들 수도 없었습니다. 하나님의 의가 성취되는 것도 역시 인간 편에서 만들어낸 것이 아니라, 하나님 편에서 나타내 주신 것, 즉 하나님의 은혜의 계시에 따른 것입니다. 의의 실체는 말할 것도 없이, 방법도 역시 하나님이 만드시고, 하나님 편에서 예비하셔서 이것을 사람들에게 계시해주셨던 것입니다.

사도 바울이 「하나님의 의」라고 한 것에는, 비단 하나님의 의로우심뿐만 아니라, 사람으로 하여금 그 의로우심을 획득하는 방법까지도 포함하는 의미로 사용하고 있습니다. 그 방법은 복음의 은혜입니다. 이 하나님의 완전과 하나님의 은혜를 하나로 한 것이 바울이 말하는 하나님의 의입니다. 이것이 바울에 의한 「하나님의 의」라는 특별한 용법입니다.

도덕적 완전이라는 의미에서 「하나님의 의」는 바울을 기다릴 것 없이 구·신약성서에서 줄곧 말해져오고 있었기 때문에 이것은 모든 사람들이 공통적으로 인식하고 있습니다. 이 공통성을 뽑아내어버리면 특히 바울이 주장하는 하나님의 의란 바로 하나님의 은혜라는 것입니다. "하나님이 모든 믿는 자를 누구든지 구원해주신다." 이것이 하나님의 의입니다. 이런 굉장한 하나님의 의가 복음 속에 나타나 있는 것입니다. 이 복음은 그리스 사람, 유대사람을 불문하고 모든 믿는 사람을 구원하시는 하나님의 힘입니다. 이런 기뻐해야 할 안부를 전하는 복음을 바울은 논증하려고 하였습니다. 이와 같이, 사람이 의롭게 되는 목적이나 방법을 함께 하나님이 만드시고, 이것을 사람에게 보여주신 것입니다.

이 계시가 사람 편에 대하여 어떤 작용을 불러일으키는가 하면, 그것은 「믿음으로 믿음에 이르게 하나니」입니다. 출발점도 믿음이요, 도착점도 믿음입니다. 출발점, 도착점이라기보다도, 더욱 더 연속적으로 이루어지는 운동이며, 믿음 속에서 나오고, 그리고 믿음에 이르게 합니다. 출발점 앞을 아무리 거슬러 올라가도 역시 믿음입니다. 또 도착점 뒤를 아무리 나아가도 믿음입니다.

즉, 믿음에는 출발점, 도착점이라는 것이 없으며, 창조의 시작부터 영원한 생명에 이르기까지 사람의 하나님에 대한 적당한 태도는 믿음뿐입니다. 믿음에서 시작하여 믿음으로 끝납니다. 아니, 끝나는 것이 아니라, 아무리 가더라도 믿음입니다.

하나님의 의가 성취되는 길은 하나님 편에서 말씀하시면 은혜요, 사람 편에서 말한다면 믿음입니다. 은혜에서 시작하여 은혜에 이릅니다. 믿음에서 시작하여 믿음으로 나아가는 것입니다.

이것이 바로 로마서의 척추(등뼈)인 것입니다.

나중에는 알게 될 것이다
(Later you will understand)
-국희종 선생님 19주기에 즈음하여

이기영(목사)

요한복음 13:1-15

1.

어느 회갑잔치에서 축하의 인사를 받은 그 잔치의 주인공 되는 분이 이렇게 답사하는 것이었습니다. "내가 육십이 되는 오늘에 와서야 비로소 깨달은 것이 있어요, 내가 이거 배우는 데 40년이 걸렸소."라고 합니다. 그것이 무엇이냐고 물으니 이런 대답을 합니다. "행복은 사랑, 그것뿐입니다. 돈 있어야 행복할 줄 알았고, 출세해야 행복할 줄 알았고, 명예가 있어야 행복할 줄 알았고, 또 다른 무엇이 있어야 행복할 줄 알았는데 그것이 아닙니다. 사랑뿐이더군요. 사랑에는 이유가 없어요. 사랑하려

할 때에는 얼마든지 사랑할 수 있는 것입니다." 그것을 40년 걸려서 배웠다고 합니다. "진작 알았더라면 좀 더 행복하게 살 수 있었을 텐데."하는 회한의 이야기를 하는 것이었습니다.

확실히 사랑에는 이유가 없습니다. 사랑은 생명과도 같은 것입니다. 가장 귀중한 것입니다. 그러나 사랑이 병들고, 사랑이 변질될 때에 여기에 타락이 있습니다. 사랑에 피곤이 있습니다. 사랑이 뒤바뀔 때에는 사랑이 원망으로 바뀌고, 사랑이 증오로 바뀌고 사랑이 한으로 맺히고, 무서운 결과와 끔찍한 일들이 생깁니다. 사랑이라는 이름으로, 사랑했기에 다 그러하다고 둘러대는 아주 무서운 결과들이 있음을 여러분도 잘 알고 있습니다. 그래서 사랑했던 사람, 결혼했던 사람, 헤어졌든 만났든, 사랑이 원한으로 바뀔 때에는 총으로 쏘아 죽이기까지 합니다.—병든 사람입니다. 그처럼 뜨겁게 사랑했고, 결혼했고, 새로운 약속을 했고, 출발했었습니다. 그런데 이제 와서 왜 이렇게 깨지느냐, 왜 미움으로 곤두박질하느냐, 왜 피곤하고 절망하게 되었느냔 말입니다. 그 이유가 어디에 있습니까. 다시 처음으로 돌아가서 생각해 보세요. 사랑이 아니었습니다. 근본적으로 사랑이 아니었습니다. 사랑인 줄 착각을 했습니다. 처음부터 사랑이 아니었는데, 스스로 속고 있었습니다. 욕정과 사랑은 같은 것이 아닙니다. 사랑 아닌 것을 사랑이라고 생각했던 것입니다.

2.

그런고로 오늘의 본문으로 돌아가서, 이 성서의 맥락에서 사랑이 무엇인지, 주님께서 보여주신 구체적 사랑에 대하여 다시 한 번 생각해보고, 거울 보듯이 자신을 비춰보시기 바랍니다.

오늘 본문의 이야기는 십자가 전야의 사건입니다. 몇 시간 후에 예수님께서 십자가를 지실 것입니다. 예수님 스스로 이것을 잘 알고 계십니다. 그러한 가운데서 마지막으로 유월절 만찬을 가지게 됩니다. 이제 마지막으로 교훈을 주려 하시고, 교육하려 하시고, 제자훈련을 하시려는 시간입니다. 어쩌면 3년 동안 교육하신 모든 것의 결론이요, 요샛말로 말하자면 '종강파티'입니다. 여기에 대조적인 사건이 있습니다. 본문은 이렇게 말씀합니다. "예수께서…자기 사람들을 사랑하시되 끝까지 사랑하시니라(1절)—요한의 증거입니다. 정말 예수님께서는 우리를 끝까지 사랑하셨다—예수님께서는 시간적으로 끝까지, 내용적으로 끝까지, 질적으로 끝까지, 사랑의 본질에서 끝까지 사랑하셨다는 것입니다.

본문이야기를 그 당시로 돌아가서 생각해보겠습니다. 유대인들의 풍속으로, 유월절 잔치를 준비할 때나 다른 큰 잔치를 준비할 때도, 저녁식사를 하기 위해 집에 들어갈 때는 반드시 발을 씻어야 합니다. 주로 잘 사는 집에서는 발을 내놓으면 종이 씻어주도록 되어있습니다. 중동지역이 대부분 사막이고, 모래가 많고, 또 옛날에는 신발이 바닥만 있고 그것을 끈으로 발등에 매어 신는 샌들이었습니다. 그러니 발에 먼지가 많고 형편없습니다. 그래서 발을 반드시 씻어야 됩니다. 이때에 종이 발을 씻어주게 되어 있는데 그렇지 않을 경우에는 서로서로 씻어주게 되어 있습니다. 그런데 서로서로 씻어 줄 경우에, 먼저 씻어주는 자가 아랫사람입니다. 여기에 문제가 있습니다.

본문에 예수님과 제자들이 유월절 잔치 음식을 잡수시는데 마침 거기에 발을 씻어줄 시중드는 사람이 없었습니다. 그러니 서로서로 씻어주어야 할 텐데 아무도 먼저 씻어주겠다는 사람이 없습니다. 왜냐하면 제자들의 마음속에 시기 질투가 있기 때문입니다. '이번에 예수님께서 분명히 유대나라 왕이 되실 것이다. 왕이 되시면 우리들은 좌·우 정승이 될 것이다. 그러면 예수님 우편에 누가 앉고, 좌편에 누가 앉고, 그 다음 자리는 누가 앉고, 그 다음 자리는 누구일까…' 이런 자리다툼에만 마음을 쓰고 있기 때문에 서로가 '네가 먼저 내 발을 씻겨라. 그러면 내가 네 발을 씻길 것이다.'하고 버티고 있습니다. 그러다 보니 결국은 예수님의 발도 씻어드릴 수가 없었습니다. 발 씻지 못한 채로 그대로 앉아서 음식을 먹고 있습니다. 예수님께서 그들의 마음을 돌아다보시니 참 한심해요. 도대체 철이 없지요. 지금이 어느 때입니까? 유월절만 보더라도 그렇습니다. 유월절 잔치가 이래도 되는 것입니까? 예수께서는 십자가를 지시려 하시는데, 그 앞에서 이런 꼴이니 말이 되는 일입니까? 또 예수님을 왕으로 모시고자 한다면, 왕 앞에서 이게 말이 되는 일입니까? 스승 앞에서도 말이 안 되고, 왕 앞에서도 말이 안 되고, 어른 앞에서도 말이 안 되고, 제자로서 도대체 못할 짓입니다. 어쨌든 제자들이 서로 시기 질투하는 가운데 예수님의 발까지도 씻어드리지 못하고 이 만찬을 대하는 것입니다.

그런데 예수님께서는 식사 도중에 일어나셔서 수건으로 허리를 동이고, 대야에 물을 떠다가 제자들에게 가셔서 '발을 내놓아라.'하십니다. 먼저 씻어드려야 할 분이지만 제자들은 그렇게 하고 있지 못한 상황입니다. 그러다 보니 그 말씀 앞에, 그 권위 앞에 할 수 없이 발을 내놓습니다. 성서에서 보는 대로, 베드로의 차례가 되자 베드로는 '아닙니다. 제 발은 영원히 씻기지 못하십니다.'라고 사양을 합니다. 당연히 그래야 하겠지요. 예수님을 씻어드리지 못한 바에는 씻김 받는 것도 죄송한 일이지요. 이런 관계, 이런 처지에 놓여 있었습니다. 시기, 질투…참 한심한 사람들이지요. …그런데 예수님께서는 제자들의 발을 씻기셨습니다. 아무 말씀도 없이.

크리소스토무스는 예수께서 맨 먼저 가룟 유다의 발부터 씻기셨다고 말합니다. 그리고 '발을 내놓아라' 하시며 차례차례 열두 제자들을 씻기셨습니다. 이렇게 형편없는 사람들을 그

순간까지 그렇게 사랑하셨습니다. 이것은 무엇을 의미합니까? 예수님 자신으로 보더라도 이제 십자가를 지실 것입니다. 자기 앞에 있는 무거운 십자가를 지실 것입니다. 자기 앞에 있는 이 무거운 십자가를 생각하고 여기에 집착한다면, 지금 누구를 사랑할 경황이 없습니다. 이 처지에 누구의 발을 씻기게 되었습니까? 이 처지에 누구를 사랑하게 되었습니까? 누구를 생각하게 되었느냐고요. 생각해보면 그렇지 않습니까? 그럼에도 불구하고 끝까지 예수께서는 십자가 위에서까지도 저들을 사랑하셨습니다. 그런고로 내 처지가 어떻게 곤두박질하든, 가난하든 부하든, 병들든 죽든 상관없습니다. 그것을 초월해야 합니다.

3.

하버드 대학교 심리학 교수팀이 실험을 하였습니다. 테레사 수녀가 가난한 사람들을 병원에서 도와주는 모습을 찍은 기록영화를 학생들에게 보여주고 그 학생들의 1G-A(감기 바이러스와 싸우는 저항력)를 검사하고, 일주일 후 같은 학생들에게 나치독일이 유대인을 학살하는 잔인한 기록영화를 보여주고 다시 1G-A를 조사했던 것입니다. 그랬더니 테레사 수녀의 영화를 본 뒤에 1G-A 수치가 훨씬 높게 나타났다고 합니다.—사람의 생각이 어떤 사랑의 능력에 연결될 때 병균에 대한 저항력이 강해지는 것입니다. 병균뿐이겠습니까? 세상과 싸우는 힘도 강해집니다. 믿음은 위력을 가졌습니다. 상식과 지식을 뛰어넘는 놀라운 힘이, 사랑의 근원이신 하나님과 내가 연결될 때 발휘됩니다.

〈뉴욕 데일리 뉴스〉는 예방의학 전문가 피터 한센(Peter Hansen)박사의 연구를 보도하였습니다. 그는 건강을 위하여, 보통 말하는 건강 음식, 규칙적인 운동, 해로운 습관을 버리는 것(담배, 술, 과로, 과식, 수면 부족)등 세 가지를 50점으로 보고 남은 50점의 건강관리법은 '사랑'이라고 하였습니다. 사랑한다는 것은 곧 믿는 것이기 때문에 믿음의 관계에서 신체의 저항력이 강해지고 병균과 싸우는 자연의 힘이 배양된다고 합니다. 한센 박사는 "이웃을 사랑한다는 것은 이미 도덕적 문제가 아니라 건강상의 문제이다."라고 말합니다. 이웃을 사랑하고 하나님을 사랑하면 놀라운 일이 나에게 벌어집니다. 내 몸은 건강해지며 내 마음은 행복해지고 내 장래는 밝아지고 영원한 생명까지 약속됩니다.

〈PARADE〉지는 1986년 1월 15일 멕시코 라메사 교도소에서 일하는 수녀 안토니아 브레너(Antonia Brenner)를 소개하였습니다. 이것은 하나의 신비한 이야기에 속할지도 모르는 일입니다.

라메사 교도소는 멕시코의 흉악범이 가장 많이 수용되는

살벌한 곳입니다. 이 교도소에는 새로 온 죄수를 교도관들에게 소개하는 '그리토'라는 의식이 있습니다. 약 50명의 교도관들이 총을 들고 두 줄로 섭니다. 그 사이를 죄수는 자기의 이름, 죄목, 형기를 크게 50번을 외치며 지나가야 합니다. 이것을 50번 되풀이 하면 마지막에는 짐승처럼 소리를 지르며 쓰러진다고 합니다. '그리토'란 '비명을 지른다'는 뜻이라고 합니다. 그런데 '그리토'의 마지막 순서가 있습니다. 그것은 큰 수녀님(la sister)으로 불리는 브레너 수녀가 지쳐서 쓰러진 죄수에게 다가가서 빵과 포도주를 주며 이렇게 말하는 것입니다. "여보시오, 너무 상심하지 마십시오. 우리 주 예수 그리스도도 당신처럼 죄수였습니다. 자, 이 잔과 빵을 받으십시오. 당신의 허물과 후회를 잘 아시는 그 분의 피와 살입니다." 이 성찬식에서 대부분의 죄수는 눈물을 흘린다고 합니다. 그 죄수들은 거의 대부분이 멕시코인으로 어려서부터 카톨릭 교회에 다닌 신자입니다. 성찬의식 자체보다도 브레너 수녀가 따뜻하게 잡아주는 손, 진실한 그 태도, 간곡한 기도, 그 뜨거운 사랑에 감동되는 것입니다. 그래서 안토니아 브레너 성녀(聖女)처럼 추앙받는 인물이 되었습니다.

4.

다시 본문 말씀을 보도록 하겠습니다. 예수님께서는 한심하고 어리석은 제자들에게 실망하지 않으시고 그들을 사랑하십니다. 놀라운 사랑의 신념이 여기에 소중한 결론이 되었습니다. 그것은 '겸손'입니다. 모든 지식에 다 통달하고, 모든 사랑이 있다 하더라도 이것을 겸손을 묶을 때에 소망이 되고, 소망으로 굳게 설 때에 인내가 가능하게 되는 것입니다. 사랑의 대상으로는 본문 말씀에서 보는 바와 같이 사랑의 뜻도 모르는 사람, 허영에 들떠 있는 사람, 배신자 가룟 유다까지 포함합니다. 행동적으로 사랑합니다.

더욱 중요하기는, 예수께서는 구속사적인 차원에서 이 사건을 소화하고 계십니다. '회남자(淮南子)'의 유명한 말이 있습니다. "운명을 잘 알고 있는 사람은 쓸데없이 하늘을 원망하지 않고, 자기를 잘 알고 있는 사람은 남을 원망하지 않고, 하나님 앞에 있는 자기 모습을 아는 사람은 누구에게나 겸손할 수 있다." 별도의 노력이 필요하지 않습니다. 이제 사랑으로 듣고, 사랑으로 보고, 사랑으로 섬깁니다. 사랑으로 들을 때에 여유가 있고, 사랑으로 보기 때문에 소망이 있고, 사랑으로 섬기기 때문에 신뢰가 있습니다.

언제나 어디까지라도 참사랑을 하는 자에게는 무한한 가능성이 보입니다. 끝난 것이 아니고 아직도 몇 번은 바뀔 수 있고 변화 받고 중생할 수 있습니다. 계속 소망을 보는 것입니다. 그래서 예수께서 말씀하십니다. "지금은 모르지만 이후에는 알리라." 지금은 뜻도 모르고, 왜 이렇게 하는지도 모르고, 왜 이런 일이 있는지도 모를 터이지만, 언젠가는 네가 알게 될 것이라고 하십니다. 그래서 그 형편없는 제자들에게 예수께서는 말씀하십니다. 갈릴리에서 만나자, 나 있는 곳에 너희도 있게 하리라, 나를 위하여 너희가 큰 고난을 당할 것이다. 내가 네게 본을 보였노라 하십니다.

여러분, 우리의 사랑에 왜 문제가 있는 것입니까? 무엇이 잘못되었고, 어찌하여 피곤합니까? 하나님의 큰 뜻을 아는 자는 실망하지 않습니다. 신앙적인 사랑을 하는 사람은 불평이 없습니다. 참으로 겸손한 사람은 절망이나 낙심을 하지 않습니다. 참으로 사랑하는 사람은 어떤 처지에서도 자유하고 행복합니다. 그리고 먼 미래가 보이고 모든 것이 소망적으로 보입니다.

예수님께서 말씀하십니다. "지금은 모르지만 나중에는 알게 될 것이다."

5.

국희종 선생 5주기가 지나서 2005년에 〈천우회〉를 주축으로 '신앙문집'을 발간하고 싶다고 편집대표 조동희 형제님으로부터 연락이 왔습니다. 그 무렵 필자는 미국 장로교 임마누엘 한인 장로교회에서 다문화 가정 목회를 하고 있었습니다. 그 때 3가지 물음에 답해주시라는 원고 요청으로 다음과 같이 써 보낸 것을 최근 발견하였는데 다음과 같은 내용입니다.

1) 국희종 선생님을 처음 만난 시기와 인상

제가 선생님을 처음 만난 시기는 1960년쯤으로 기억됩니다. 몇 년 앞서 복홍에 '혜인의원'을 개원하셨습니다. 답동에는 김준 선생님이 농민의숙을 시작하셨습니다. 1960년쯤 가마골에 평심원(平心園)(김재준 목사님 친필휘호 간판 쓰심)이 여성숙 의사님, 김정숙 전도 할머니를 중심으로 광주제중병원 〈요우회〉가 돕고, 산(山) 기증자의 장소 제공으로 시작되었습니다. 그 때 저는 평심원에서 요양 중이었습니다. 주일예배는 답동 농민의숙에서 모였는데, 국 선생님은 예배 인도차 복홍에서 오셨습니다. 주일예배에서 선생님을 만났고, 자주 깊은 대화를 나눌 수 있었습니다. 그리고 저는 복홍에 가서 선생님과 함께 복홍교회를 개척하는데 주일학교와 말씀을 전하며 도와드렸습니다.

국 선생님의 인상은 누구나 반갑게 맞아주시고 자상하시며 친절하시고 자아확립이 되신 크리스천 의사이셨습니다. 환자들을 대할 때 자상하시고 안도감을 주시며 진단과 치료를 해주셨습니다. 환자들을 끄시는 어떤 힘이 있어 보였습니다. 의원 벽에 걸린 〈사마리아인의 비유〉와 〈제자들의 발을 씻기시는 예수님〉 성화가 있었습니다. 환자들을 대할 때는 언제나 주 예수님을 믿으라는 복음전도를 하셨습니다. 선생님에게 의료사업은 부수적인 부업이었고, 복음전도가 주목적이고 주업이셨습니다. 복흥과 복흥면 일대는 선생님의 복음전도로 드디어 복음을 받아들이게 되었습니다. 복흥교회와 다른 마을에 기도처가 생겨서 방문하시고 예배인도를 하는 일에도 도와 드렸습니다. 국 선생님은 자립 독립전도의 방법으로 사도 바울처럼 열심하고 헌신하셨습니다. 성서연구에 열중하셨고 새벽기도에 힘쓰셨습니다. 무릎 꿇고 기도하셨기에 발등에 티눈이 박혔습니다. 식생활은 간소한 듯 합니다만 돕는 이들과 찾아오는 이들과 함께 할 때가 있었습니다. 보통사람이 따르기 힘든 일과생활과 겸손한 크리스천 의사로, 자립 복음 독립전도자의 길을 걸었다고 회상합니다.

2) 귀하께서 바라본 국희종 선생

국 선생님의 자립 복음독립전도의 행각은 매우 특이하였고 아무나 감히 따를 수 없는 구도자의 길이었습니다. 해군 군의관 생활 때 은혜 받은 체험을 하셨고 의사로서의 나아갈 길 보다는 그리스도의 복음전도에 사명을 받으시고 복흥 무의촌에 오신 듯 했습니다. 가난한 자들, 어린이들, 병든 자들과 호흡을 함께 하시며 자립 복음독립전도에 전심전력한 크리스천 의사이셨습니다. 가난한 병자들에게서는 진료비를 받지 않으시고 약을 그냥

주고 때로는 돈까지 주어 보내시는 것을 보았습니다. 보내면서 "예수님 믿으시고 변화되어 새사람으로 살아가세요" 하고 친절과 인자하심과 힘 있는 권면을 하셨습니다. 정말 훌륭하고 존경스러워 보였습니다. 선생님 본인은 평범한 모습 그대로이고 칭찬이나 상급은 원치 않으셨습니다.

선생님은 진리를 추구하는 구도자였습니다. 정의감에 차있었고 대화 중에 나라와 사회의 동향과 상황에 대하여 때로 못마땅하면 조용히 질타하시고 변화를 바라며 기도하셨습니다. 성서연구는 무교회 신앙인의 흐름을 따랐지만 전문인 못지않게 바른 이해와 계속적으로 공부해 가시는 듯했습니다. 선생님은 진리와 겸손 정직과 사랑 정의와 평화라는 이름으로 다져진 참사람의 인격을 갖춘 분이었습니다. 순수하고 단순한 생활의 영성자였습니다. 성서의 신앙대로 사신 분으로 가식과 허위를 싫어하는 보기 드문 외로운 순례자의 길을 걸으신 분입니다. 복흥을 떠나 몇 곳에서 봉사적인 일을 하시지만 신앙과 복음 증거의 생활로 일관하신 것으로 알고 있습니다. 〈기독의사회보〉에 글을 쓰셔서 복음을 전하셨습니다. 『이사야서연구』는 성서연구의 대표적인 열매로 보여졌습니다.

선생님은 자기 자신을 위해서는 무슨 일을 하지 않으셨습니다. 철저히 자기회개로 내면세계를 성찰하시며 영성인의 외로운 한 길을 가셨습니다. 심지어 자기 병명이 무엇인지 주위 사람들에게도 말하지 않으니 몰랐습니다. 선생님의 마지막 가는 길을 전송하지 못한 것이 아쉽습니다. 용서하고 용서받는 화해가 아쉬운 세상에 화해의 빛으로 다시 나타내야만 할 귀감이 될 생애를 살다 가셨습니다.

3). 국희종 선생님과 관련된 귀하만이 겪으셨거나 알고 있는 숨겨진 이야기

국 선생님과 저는 신앙과 성서연구에 관련해 많은 대화를 하였습니다. 선생님은 쉼 없이 말씀하셨고 저도 즐기면서 대화를 이어갈 수 있었던 것을 감사하고 있습니다. 진흙탕 속에서 전투적인 행각을 하다가 함께 대화를 할 때면 그것이 즐거움이었고 신앙세계의 새 국면을 발견하고 내심 놀라기도 하였습니다.

제가 서울천은교회 목회사역 때 선생님은 방문해 주셨고, 복홍의 형제들이 서울근교에 흩어져 살고 있으니 가끔 돌봐 달라는 부탁을 하셨습니다. 저는 몇 분 형제들을 찾아 만나기도 하였고 사귐을 계속 하였습니다. 제가 목포중앙교회에서 시무할 때는 교회에 오셔서 주일오후예배에 한번 말씀증언을 하셨습니다. 제가 광주에 가게 되면 찾아뵙고 사귐을 계속하였습니다. 국 선생님은 언젠가 제게 복홍에 들어가 함께 살면 어떻겠느냐고 제안도 하셨습니다. 제가 선생님께 죄송히 생각되는 게 있습니다. 국 선생님의 임종과 장례현장에 참여할

수 없었던 일입니다. 선생님은 장례절차까지 다 만드시고 제가 장례를 인도하도록 배려를 하셨습니다. 헌데 공교롭게도 그때 저는 담석수술을 받고 병원 입원 중이었습니다.

현재 저는 미국에서 한국에 미군기지촌 출신의 국제결혼가정을 위해서 다문화가정목회(Multi-cultural Family Ministry)의 특수목회를 하고 있습니다. 이 분들의 사연을 들으면 우리나라의 1950년대부터 70년대의 사회(社會)전기(傳記)를 보는 듯합니다. 풍요한 미국 땅에서 또 하나의 민중(Marginal People)의 삶을 만나고 함께 호흡하며 지냅니다. 주님 인도를 기다립니다만 사명을 접고 한국에 가서 살아야한다는 기약을 하며 기도 중에 있습니다. 국 선생님의 〈전기〉가 세상에 나오기를 기다립니다.

이제 말씀을 마감하려합니다. 사랑하는 천우회원 여러분, 하나님의 섭리하심이 있어서 복흥 땅에 주님의 신실한 종 국희종 선생님을 보내주신 것으로 믿고 감사와 그 모든 영광을 하나님께 돌려드리시기를 바랍니다. 그리고 남은 신앙의 여정에 주님 동행과 서로 간에 사랑의 우애로 살아 갈 수 있기를 바랍니다. 끝으로 가족들에게도 하나님의 무한하신 은총이 함께 하시기를 기원합니다. 여기까지 오셔서 참여하여주신 모든 분들께도 사랑의 영성이 함께하시기를 바랍니다.

국희종 선생님으로부터 얻은 것

노승무(고등학교 교사)

2011년 5월5일 국희종 선생을 만나기 위해 서울역에서 정읍행 기차를 탔다. 생시에 국희종 선생을 가끔 무교회 집회에서 먼 발치로 뵈웠을 뿐 깊이 사귈 기회가 없었다. 선생은 항상 집회의 구석 자리에 앉았다. 사회자가 한 말씀 부탁하여도 손을 내저으면서 사양했다. 집회가 끝나면 조용히 일어서 먼저 나가셨다. 혹여 기독교 초신자가 아닌가 하는 생각도 들었다. 그러나 그의 영혼을 만나고 나서 그는 참 그리스도인이고 진정한 무교회인임을 깨달았다. 선생은 나에게 기독교의 본질이 무엇이고 무교회인이란 어떤 사람인가를 가르쳐 주었다.

정읍역에서 내려 버스시간이 맞지 않아 택시를 탔다. 모세의 영혼과 함께 내장산 고개 길을 굽이굽이 몇 번을 돌아 정상에 올랐다. 다시 정상에서 경사 길을 돌고 돌아 계곡과 계곡을 건너 순창군 복흥면소재지에 도착했다. 국희종 선생도 이곳에 도착하기까지 모세처럼 홍해의 고통을 겪었고 죽음의 광야에서 갈증으로 목이 탓을 것이다. 모세는 시내산에 야훼의 계시를 받고 안식했다.

복흥 파출소 뒤편에 '진리를 따르는 만인의 쉼터' 란 간판이 붙은 허름한 회당 앞에 도착했다. 국희종 선생의 영혼이 모세가 고백한 '시내산 계시'를 그렇게 표현한 것 같다. 모세에게 야훼 하나님은 " 나는 너희를 바로의 노예 집에서 탈출시킨 야훼이다." 라고 계시했다(출20:1). 예수도 인류의 죄악을 정화시키기 위해 육을 벗어버리고 안식하셨다(요19:29-30). 요한은 예수의 영과 공유된 경지를 사랑이라 고백했다. 바울은 성령에 의해 마음에 할례를 받으라고 권고 했다(롬2:29). 국희종 선생은 한국 전쟁 때 군의관으로 근무하면서 민족의 아픔을 짊어지고 고민했다. 전쟁터를 벗어나 깊고 깊은 산골 복흥에 들어와 안식처를 찾았다.

함석지붕 밑 마룻바닥에 삼십여 명이 앉았다. 국희종 선생 기념 예배가 시작되었다. 붓글씨로 쓴 괘도가 중앙에 세워져 있다. 찬송가 책을 가지지 못한 어린이들을 위해 만들었다. 투막한 붓글씨가 "야훼 하나님이 흙덩어리에 성령을 불어 넣으니 생명력이 형성되었다"(창2:7)라고 가르쳐 주었다. 부활 예수는 제자들에게 성령을 받으라고 권고하며 성령을 받으면 이웃의 죄도 용서하여 줄 수 있다고 가르쳤다(요20;22-23). 바울은 믿음에 의한 의인은 영적으로 살리라고 가르쳤다(롬 1:17). 믿음은 성령이 공유된 경지이고 죄가 용서되어 생명력이 형성된 상태이다. 국희종 선생의 마음엔 성령이 공유되었고 영적 생명력이 충만했다. 국희종 선생의 영혼이 신자와 어린이의 영혼을 영성화시켰다.

사회자의 인도에 따라 야훼 하나님을 찬송했다. "야훼 하나님은 초월적인 분으로 형상으로 만들지 못한다. 글씨로 새기지도 못한다. 음성으로 표현할 수도 없다. 벗어난 그대로 안식할 뿐이다"라는 찬송으로 들렸다. 선생은 일생동안 교회를 세우지 않았고 신학논문을 쓰지 않았으며 설교다운 설교도 하지 않았다. 그러나 복흥의 깊은 산골에 묻혀 야훼 영과 교감하면서 야훼를 찬송했다. 악보도 곡조도 모르는 어린이들의 영혼이 그의 영혼을 따라 마음껏 노래하면서 즐거워했다.

사회자의 성서 낭독이 있었다. "너희는 조상을 공경하여야 한다. 살인하지 못한다"(출20"12-13)로 들렸다. 모세가 공경한 조상은 야훼의 영을 모신 이스라엘의 선조 아브라함과 이삭과 야곱이었다. 국희종 선생도 거대한 성전에 모신 예수를 공경하기보다 도시문명에 물들지 않는 촌사람을 공경했다. 영적 생명력이 움트는 어린이를 사랑했다. 그들 안에 야훼의 영혼이 살아 계신다고 믿었는지 모른다. 그들은 공경하는 것이 하나님을 공경하는 것이고 그들을 사랑하는 것이 예수를 사랑하는 것으로 생각했다. 당시 복흥 땅은 한국동란의 격전지로 밤에는 인민군의 땅이었고 낮엔 국방군의 나라였다. 아직도 가막골에는 빨치산과 자위대가 서로 물고 뜯은 흔적이 남아 있다. 부모 잃는 어린이들은 울부짖었고 허기에 지쳐 쓰러졌다. 선생은 상한 영혼을 위로하고 상처를 치료하여 주었다. 죽어가는 그들을 보듬고 먹을거리를 나눠주었다. 이런 선생의 삶을 옛적에 이사야가 공의의 나무를 세워 야훼께 영광을 드러냈다고 읊었다.(사61:1-3).

설교자의 말씀이 이어졌다. "간음하지 못한다. 거짓 증언하지 못한다."(출20:14,16). 이사야는 안으론 바알 신의 속성이 가득하면서 겉으로 야훼 신을 모시는 것을 간음으로 봤고 그들을 거짓증언자라고 질책했다. 그들은 우상숭배자요 예언자의 목을 꺾는 자요 살인자이다(사1:11-14,66:3). 호세야는 성직자가 많으면 많을수록 죄가 많아진다고 외쳤다. 종교를 빙자하여 자기의 탐욕을 채우는 것은 간음이다. 자기의 이익을 위해 단상에서 설교하는 것은 거짓 증언이다. 그런 신앙에서 선생은 설교하기보다 환자를 무료로 치료하여 주었고 탐욕을 채우기보다 자기의 먹을 것을 어린이에게 나눠주었다. 그의 삶을 보고 주민들이 기독교를 받아드렸고 어린이들이 야훼를 찬양했다. 그의 진료소가 주민들의 쉼터였고 어린이의 안식

처였다.

설교 말씀에 이어 천우회 회원들의 고백기도가 이어졌다. 국희종의 영혼에 공유된 자는 "도적질하지 못합니다. 남의 것을 탐하지 못합니다."(출20:15,17). '땀흘려 일하므로 얻은 수확물을 하나님의 은혜로 여깁니다. 그 수확물로 처자식을 먹이고 이웃까지 자비를 베풉니다' 라고 고백하는 것 같았다.

이어 그의 제자들이 준비한 음식이 나왔다. 기름기 흐르는 쌀밥에 싱싱한 산채가 내 영혼을 풍성하게 했다. 예수도 제자들과 이런 만찬 자리를 펼쳤다. '이 밥은 국희종 선생의 영혼이요 이 산채는 그의 제자들의 생명이다. 먹고 마시어 이웃을 사랑하고 세상에 평화를 펼치자' 라고 가르쳐 주었다. 그것이 야훼 신앙의 본질이고 기독교 신앙인의 삶이다.

국희종 선생님은 누구인가? (1)

임중기

먼저 고 국희종 선생님을 〈옥천향토문화연구회〉에서 말씀드릴 수 있게 허락해주신 옥천향토문화연구회에 마음으로부터 깊은 감사를 드립니다. 또한 부족한 저를 이 자리에 소개해 주신 박상배 선생님께 감사드립니다.

고 국희종 선생님의 문집을 보시고, 이 분이 어떤 분일까 궁금해 하는 분이 많습니다. 저는 국희종 선생님을 이야기하며, 늘 아프리카의 아버지로 알려진 '슈바이처' 선생을 이야기합니다. 슈바이처 박사와 국희종 선생님은 닮았습니다. 다른 부분이 있다면, 슈바이처 박사는 음악가로 음악공연을 하면서 아프리카의 어려운 사정을 이야기하며 모금운동을 전개하여 모아진 돈으로 병원을 짓곤 하였는데, 국희종 선생님은 다른 사람들이 알지 못하게 오른손이 하는 봉사의 일을 왼손이 알 수 없게 하였다고 생각합니다.

선생님은 1960년 9월에 복흥에 오셨습니다. 저는 그 때 열 살이었는데, 교회 주일학교에서 선생을 만나 오늘까지 스승님으로 존경합니다. 그 때 저희 가정이 빈곤하여 의식주를 선생님께서 다 해결해 주셨습니다. 저희 가족뿐만 아니라 비슷한 형편의 7, 8가족들도 늘 저녁을 함께 먹었습니다.

선생님은 순창군 보건지소 의사의 수입 모두를 어려운 사람들에게 의식주로 제공하고 치료하는데 사용하였으며, 의사의 수입으로도 부족할 때에는 당신께서 점심을 굶으시거나, 고구마 같은 것으로 대신하셨습니다.

선생님은 가난한 사람들과 의식주만 함께 하신 것이 아니었습니다. 그리스도교 진리를 전하는 사역자로, 또 사회 윤리, 도덕의 교육자로 사셨습니다. 이러한 은혜를 입은 저와 같은 아이들이 성인이 되어서도 선생님을 잊지 못하고 타지 생활을 하면서도 선생님과 계속 교류하게 되었습니다.

이러한 국희종 선생님의 의료 전도 봉사에 대하여 많은 사람들이 다음과 같이 말하고 있습니다.

먼저 새마을 연수원장을 역임한 김준 선생은,

"말만 풍성한 이 세대에서 자기희생을 통해서 사랑의 열매를 맺고 가신 분이 바로 내가 존경하는 국희종 선생님이다."

…중략…

"국희종 선생은 광주의전을 나오신 의사로서 여수 애양원에서 봉사하시다가 가난한 산간벽촌의 불우한 농촌 청소년들과 같이 살기 위해서 우리 공동체 (복음농민의숙)에서 같이 생활하겠다는 것이었다."

…중략…

"그 때에 국 선생께서는 복흥면소재지에다 집 한 칸을 얻어 진료소 (보건지소)를 차리고 독신으로 자취하면서 수도자(修道者)적 생활을 하시면서 주일날 밤에는 20리 길을 걸어서 우리 공동체까지 오셔서 예배도 인도하고 학생들 공부도 가르치시곤 하셨다.

국희종 선생을 생각하면 아프리카의 슈바이처 박사가 연상된다. 자기 개인의 부귀영화를 헌신짝같이 다 버리고 가장 낮은 자리에 내려와서 가장 어려운 가난하고 불우한 사람을 위하여 소리 없이 오른손이 한 것을 왼손이 모르게 온유겸손하게 묵묵히 일해오신 모습이 지금도 눈에 선하다."

"그 때에 복흥에 뿌리진 씨들이 여기저기 흩어져 살고 있을 때 국 선생께서 꾸준히 물주고 거름 주고 가꾸셔서 오늘날 여러 곳에서 여러 모양으로 빛과 소금의 역할을 하고 있다

한 알의 밀알의 상징이 국희종 선생이다.

날파리는 하루, 꽃은 10일, 권세는 10년, 인생은 100년, 예

술은 1000년, 사랑은 영원, 국희종 선생께서 우리 가슴에 심어주신 사랑은 영원히 살아 있을 것입니다."라고 회상하셨습니다.

또 고려대 교육학과 명예교수인 김정환 선생은 『성서조선 명논설집』이란 책에서, 다음과 같이 말하고 있습니다.

"전북 순창군의 오지 복흥면 정산리에 혜인의원을 세워 의료 전도 사업을 하는 한편 무교회 광주모임에서 발행하는 〈광주기독의사 회보〉는 선생의 믿음과 삶의 기록이다.

이 분이야말로 또 하나의 한국의 슈바이처다. 의사라는 격무에 시달리면서도 어떻게 이렇게 성경연구를 해냈을까 놀랍기만 하다. 『성서개요』에는 구약에서 아모스서와 오바다서, 신약에서 요한일서 빌립보서 에베소서 히브리서 그리고 갈라디아서 연구 개요가 담겨 있다.

그는 또 1981년 8월부터 만 4년 동안 야나이하라(矢內原) 선생의 『사무엘서 강의』를 번역하여 신앙 월간지 《성서신애》에 연재했고, 자신의 『이사야서 강해』를 〈광주기독의사 회보〉에 1986년부터 만 2년 동안이나 연재하기도 한 열성가이기도 했다." 라고 전하고 있습니다.

서강대학교 사학과 백승종 교수는, 국희종 선생님의 글을 다음과 같이 소개하고 있습니다.

"개인적 경력, 민족적, 국민적 소속, 의식적 제도적 율법, 및 도덕적 율법, 이 넷은 모두가 의상입니다. 개인적 경력은 민족적 자랑과 결부되고, 민족적 자랑은 의식적, 제도적 율법과 불가분이고.... 다시 말하여 이 넷은 서로 관련해서 사람의 본체를 싸는 의상을 이루고 있습니다.

우리들은 이러한 네 의복을 입고 세상에서 뽐내고 꾸며대고 생활하고 있지만, 예수 그리스도의 십자가 앞에 서면 하나하나 다 벗겨지고 맙니다.... 이렇게 해서 벌거벗은 인간에게 '나는 대체 어떤 사람인가? 라고 물을 때 우리에게 주어지는 답은 나는 참으로 죄인의 괴수로구나!' 할 수밖에 없는 것입니다.

그리스도의 십자가 앞에 서면 우주에 큰 신음이 가득 차 있는 것이 들립니다. 무엇을 신음하고 있는 것입니까? 인간의 죄입니다. 이 죄라는 것을 처치하지 않는다면 적극적인 선한 일은 무엇 하나 시작되지 못합니다. 죄 문제를 해결하지 않는다면 인생의 어떠한 문제도 해결되지 않습니다. 사회 구제, 국가 부흥의 희망도 없습니다." 소개하고 있습니다.

백승종 선생은 자신의 저서 『그 나라의 역사와 말』에서 다음과 같이 쓰고 있습니다. "국희종 선생이 이렇게 말했을 때, 그는 이찬갑, 함석헌, 김교신, 조만식, 안창호, 이승훈 등과 한 무리를 이룬다."

누구나 이러한 말을 할 수 없음을 알게 된 백승종 교수는 국희종 선생을 민족의 대 스승의 자리에 놓고 있는 것입니다.

이찬갑, 함석헌, 김교신, 조만식, 안창호, 이승훈, 국희종 선생은 본향으로 돌아가셨습니다. 그런데 이 분들은 오늘도 살아서 우리들에게 교훈하고 있습니다. 우리가 이렇게 국희종 선생에 대하여 알고자 한 것도 선생의 높은 삶을 배우기 위함이라 생각합니다.

1999년 5월 8일 선생은 소천 하셨습니다, 국희종 선생의 제자들, 박동래, 조동희, 엄태현, 김명술, 국신동, 임중기 등이 선생님의 의료전도 봉사생활을 이대로 잊혀지게 할 수 없다, 하여 국희종 선생의 신앙문집 발간위원회가 발족되어 선생께서 쓰신 글을 모아 2000년부터 신앙문집을 발간하였습니다. 그 후 선생님 추모기념모임 일에 맞추어 매년 한 권씩 신앙문집을 발간하여 9권이 나왔습니다. 앞으로 2-3권 더 발간하고 전집으로 발간할 것입니다.

복홍면에서는 선생이 소천 하신 10여년 만에 복홍면 전 면민이 마음을 모아 국희종 선생의 봉사 의료전도를 감사하는 마음으로 2010년 5월 5일 송덕비를 세웠습니다.

이제 고 국희종 선생은 복홍 면민의 선생님일 뿐만이 아니고, 고려대학교 백승종 교수의 말과 같이 이찬갑, 함석헌, 김교신, 조만식 안창호, 이승훈 선생과 같이 국희종 선생을 민족사적 인물로 존경하여야 할 때가 되었다고 생각합니다. 아니

슈바이처와 같이 세계인의 인물로 존경하여야 할 선생님으로 생각합니다.

다시 한 번 옥천향토문화연구회에 감사를 드립니다.

부족한 사람의 말을 들어 주시어 감사합니다.

국희종 선생님은 누구인가? (2)

야마모도(山本浩 先生 飜譯)

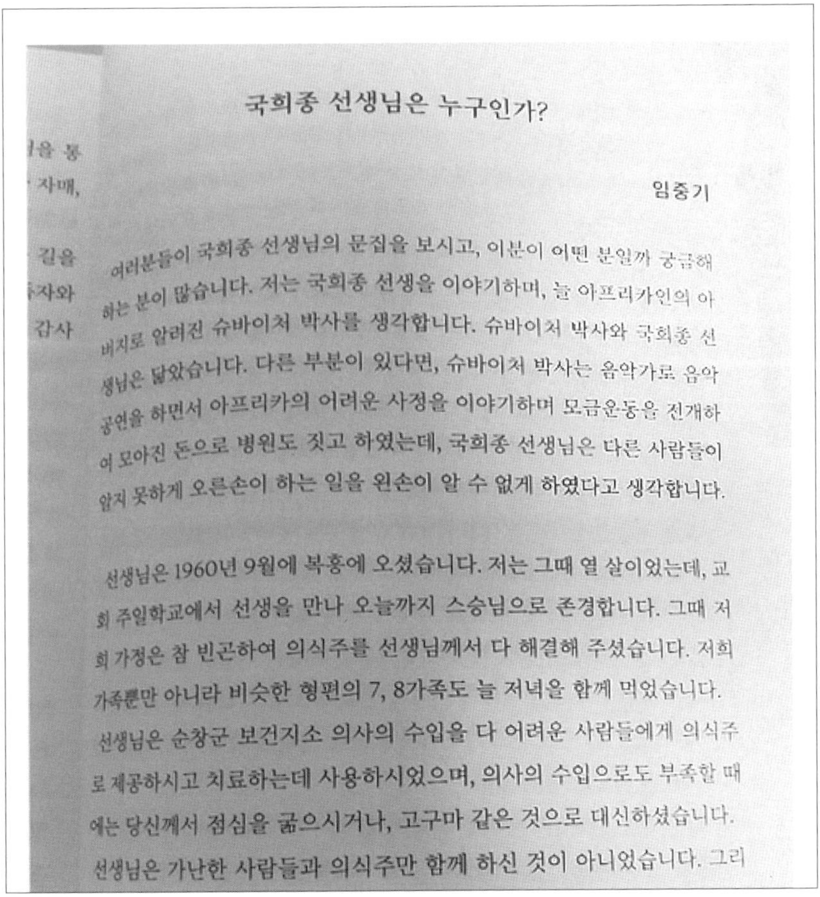

국희종 선생님은 누구인가?

임종기

여러분들이 국희종 선생님의 문집을 보시고, 이분이 어떤 분일까 궁금해 하는 분이 많습니다. 저는 국희종 선생을 이야기하며, 늘 아프리카인의 아버지로 알려진 슈바이처 박사를 생각합니다. 슈바이처 박사와 국희종 선생님은 닮았습니다. 다른 부분이 있다면, 슈바이처 박사는 음악가로 음악 공연을 하면서 아프리카의 어려운 사정을 이야기하며 모금운동을 전개하여 모아진 돈으로 병원도 짓고 하였는데, 국희종 선생님은 다른 사람들이 알지 못하게 오른손이 하는 일을 왼손이 알 수 없게 하였다고 생각합니다.

선생님은 1960년 9월에 복흥에 오셨습니다. 저는 그때 열 살이었는데, 교회 주일학교에서 선생을 만나 오늘까지 스승님으로 존경합니다. 그때 저희 가정은 참 빈곤하여 의식주를 선생님께서 다 해결해 주셨습니다. 저희 가족뿐만 아니라 비슷한 형편의 7, 8가족도 늘 저녁을 함께 먹었습니다. 선생님은 순창군 보건지소 의사의 수입을 다 어려운 사람들에게 의식주로 제공하시고 치료하는데 사용하시었으며, 의사의 수입으로도 부족한 때에는 당신께서 점심을 굶으시거나, 고구마 같은 것으로 대신하셨습니다. 선생님은 가난한 사람들과 의식주만 함께 하신 것이 아니었습니다. 그리

일본인은 자신들이 존경하는 인물에 대하여 최선을 다하여 경애를 표한 것 같다. 그것은 나의 「국희종 선생은 누구인가?」라는 글을 《성서한국》 일심장학재단에서 기사를 보고, 일본의 〈일한 우화회 회지〉에 번역 기사화 하였다.

인물을 존경하는 사고의 발로로 감사하는 마음이다.

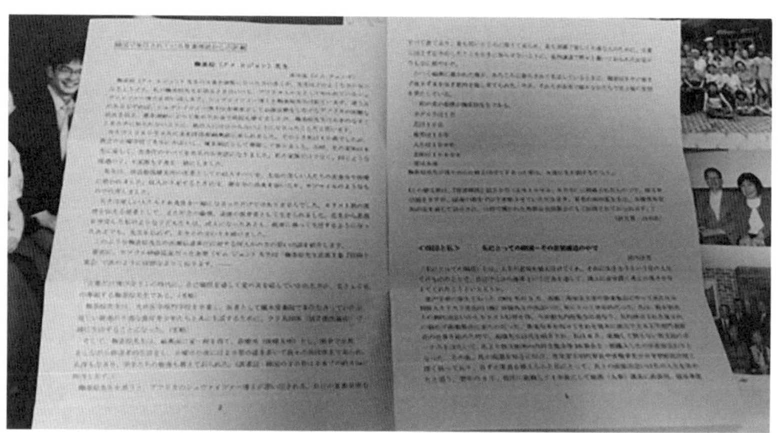

일본 〈일한우화회지〉에 번역된 기사 「국희종 선생은 누구인가?」

나의 소원은 평화

2008년 5월 5일 국희종 선생님 9주기 추모모임

정승관(풀무고등학교 교장)

"평강의 주께서 친히 때마다 일마다 너희에게 평강을 주시길 원하노라. 주는 너희 모든 사람과 함께 하실찌어다." (데살로니가 후서 3장 16절)

(평화의 주님께서 친히 언제나 어느 방식으로든지 여러분에게 평화를 주시기를 빕니다. 주님께서 여러분 모두와 함께 하시기를 빕니다.)

찬송 468장

1. 내 맘에 한 노래 있어 나 즐겁게 늘 부르네
2. 주 십자가에 달리사 날 구원해 주셨으며
3. 나 주께 영광 돌릴 때 이 평화 충만하도다.

4. 이 평화를 얻으려고 주 앞으로 나아갈 때

이 노래를 부를 때에 큰 평화 임하도다.

주 예수님 고난 받아 나 평화 누리도다.

주 하나님 은혜로써 이 평화를 누리도다.

주 예수님 우리에게 이 평화 주리로다.

평화 평화 하나님 주신 선물

오 크고 놀라운 평화 하나님 선물일세.

1990년 여름성서집회를 이곳 복홍에서 참석했던 기억이 납니다. 작은 장소였지만 그 집회를 위해서 세심하고 꼼꼼하게 준비하셨던 것을 보고 여러 가지 감회에 젖었던 생각이 납니다. 특별히 페인트칠도 하고 시작하던 날 아침까지 풀을 뽑는 등 세심하게 준비하시고 지휘하셨던 국 선생님에 대한 말씀을 전해 들었던 생각도 납니다. 당시 저는 풀무학원에서 기숙사 사감을 지내면서 학교에 손님이 오실 때나 행사가 있을 때 준비하는 역할을 하고 있었는데, 사실 주인으로서의 마음 없이 그저 맡겨진 일을 성의 없이 하고 있던 터였습니다.

오늘 함께 계신 임중기 선생님께는 만날 때마다 드리는 말씀이지만, 그 전에 별도로 있었던 풀무학교에서의 겨울집회에 선생님이 오셨는데 그 때는 추운 날씨였습니다. 늦은 시간에 오신 두 분 선생님을 맞고 기숙사에 안내해 드리고 당시에는 연탄을 때고 있어서 새로 불을 아궁이에 넣어드렸는데 다음 날 아침에 보니 연탄불이 꺼져 있었습니다. 지금 생각해도 그 날을 돌아보면 정말 쥐구멍 속으로 숨고 싶은 마음뿐입니다.

그리고 몇 년 후부터 전국 성서집회를 풀무학원에서 자주 열게 되었는데 선생님께 죄송했던 그 기억과 복홍 집회 참석의 경험은 풀무학원집회를 준비하는데 커다란 마음의 밑바탕이 되었습니다. 물론 선생님의 그 성실하고 진지한 준비에는 비길 바가 되지 못 했지만 나름대로 최선을 다 하려는 노력을 하게 되었습니다. 어찌 보면 별로 연결될 부분이 없는 여러 가지 일을 통하여 가르쳐 주시고 일하시는 하나님의 능력과 사랑을 다시 한 번 실감할 수 있습니다.

이제 또 다시 여러 해에 걸쳐서 집회를 준비하면서 게을러지고 해이해 진 마음을 다시 한 번 추슬러 생각하도록 이번 집회에 참석하게 해 주신 것을 느끼면서 다시 한번 감사를 드립니다.

오늘 말씀의 제목을 제출하라고 하셔서 어떤 제목을 쓸까를 생각하자마자 주저 없이 결정한 제목이 바로 '나의 소원은 평화'입니다. 사실 이 제목은 제가 근무하는 풀무학원의 제3의 설립자라고 불리우며 자신의 모든 것을 풀무학원에 바치신 일심 최태사 선생님의 희수기념논문집의 제목입니다. 또 우연히 김교신 선생님의 저작을 읽다보니 헬렌 켈러의 말씀 중에도 '나의 유일한 소원은 세계 평화와 동포애'란 말이 있음을 보고 놀랐습니다. 풀무학원에 관계된 사람들의 입장에서는 최 선생님께서 풀무를 위해 모든 것을 바치셨다고 자연스럽게 이야기하게 되지만 좀 더 넓은 의미에서 보면 최 선생님은 하나님의 일에 자신을 던진 분이셨다고 생각 됩니다.

제가 풀무학원에 처음 간 것이 1977년입니다. 공교롭게도 그 해는 풀무학원의 역사에 다양한 변화를 겪는 해였습니다. 처음으로 학교법인을 구성하던 해였고, 그동안 운영해 왔던 중등부가 당시 지역에 공립중학교가 설립되므로 폐교를 결정하고 마지막으로 신입생을 받은 해이기도 했습니다. 또 자매학교인 거창고등학교와 연결되어 있던 화란의 I.C.C.O란 단체와 연결되어 새로운 학교건물을 짓고 지역사업을 막 시작하던 때였습니다. 이 때 최 선생님은 학교법인 풀무학원의 초대 이사장님으로 선출되셨습니다. 자세한 말씀을 드릴 시간이 없어서 제가 풀무학원과 연결된 과정을 소개할 시간은 없지만 저는 풀무학원이 어떤 곳인지 모르고 풀무학원의 일원이 되었던 때였습니다.

그런 저에게 가끔 학교에 행사가 있을 때 찾아오셨던 최 선생님의 모습은 철모르던 저에게는 충격이었습니다. 우선 학교를 오시면 제일 먼저 찾으시던 곳이 학교 제일 위에 있던 기숙사였습니다. 그 곳에서 아이들을 위해 식사를 준비해 주시던 '엄마'를 찾아 노고를 위로하시고 아이들에게 먹이라고 준비해 오신 먹을거리들을 내 놓으셨습니다. 그리고 나서는 아이들이 머무르고 있는 기숙사 방에 들러 아이들을 만나고, 조금 더 내려오면 학교에서 선생님들과 인사를 나누고, 마지막으로 믿음의 형제로서 우정을 나누던 주옥로 선생님의 집으로 가셔서 여장을 풀곤 하셨습니다. 학교 행사에서 말씀을 하실 때에는 늘 눈물을 흘리곤 하셨습니다. 지금도 기억이 되는 말씀이 '이곳의 선생님들이 이렇게 고생을 하시는데 많은 도움을 못 드려서 죄송하다'는 말씀이셨고 귀여운 학생들에게도 그러한 선생님들 밑에서 하나님을 아는 사람이 되라는 말씀이 그 핵심이셨습니다. 오산학교를 나오시고 의사검정을 통해서 평생을 빈민을 위한 의사로 봉직하셨던 선생님은 자그마하셨던 외모만큼이나 자상하고 자애로운 분이셨습니다.

그러나 선생님에 대해 좀 더 깊이 들여다보면 그만큼 따뜻하고 자애로운 만큼 분명한 의지가 있으셨던 점을 빠뜨려서는 안된다고 생각합니다. 공산치하에서 숙청을 당한 함석헌 선생님의 모든 뒷바라지를 하셔서 남하하도록 도우신 일이나 함 선생님께서 개인적으로 정치적으로 어려움에 처했을 대도 조금도 동요 없이 끝까지 자신의 신념에 의해 함께하셨던 그 믿음을 기억하는 분들이 많으신 줄 압니다.

일심의원을 당시 서울의 빈민지역이던 삼양동에 여시고 주일이면 삼양동 산동네를 누비면서 무료의술을 베푸시던 현장예배, 어려운 사람들을 치료하고 사정을 돌보아 치료비 없이 돌려보내던 일, 이 일들은 우리가 그저 조용하셨던 외모만을 가지고는 그럴 수 없었던 일이 아닌가 생각합니다. 풀무학교의 50년 역사 중에는 참으로 어려웠던 순간들도 많았습니다. 여러모로 어려웠던 여건 속에서 이러한 문제를 해결하고자 하는 고민 끝에는 많은 의견 충돌이 있곤 했습니다. 저도 그 한가운데 있었는데 그 때 선생님은 하나님의 일에 대한 분명한 의지가 있으셨고 그것이 여러 번의 위기를 넘길 수 있었던 계기가 아니었나 생각되기도 합니다.

저는 국 선생님을 뵈었던 처음 날부터 최태사 선생님을 생각했던 것 같습니다. 물론 같은 의사이고 같은 신앙을 가지고 계신 분으로서 공통점을 느끼는 것은 당연한 일이겠지요. 나직하면서도 그 뜻이 분명하셨던 모습도 그랬습니다. 앞에서 말씀드렸던 국 선생님께 저질렀던 죄송했던 일 이후에 사실 선생님으로부터 사랑을 받았던 기억이 납니다. 늘 보내 주셨던 〈기독의사회보〉에는 짧지만 단정하신 친필로 메모하신 포스트 잇이 매번 붙어 있었습니다. 그것이 얼마나 깊은 애정을 가지고 하신 일인지, 얼마나 정성을 들이신 일인지 잘 알 수 있습니다. 그런 포근하고 따뜻한 사랑을 받은 저는 참으로 행복한 사람입니다. 사랑을 받아본 사람이 바른 사랑을 할 수 있다는 말씀을 생각하면서 늘 감사한 마음을 가지고 있습니다.

그러나 제가 선생님에 대해서 구체적으로 생각할 수 있게 된 데는 '국희종 선생 신앙문집 발간위원회'에서 정성껏 만들어서 보내 주신 문집들을 통해서입니다. 이 자리를 빌어서 항상 사랑이 가득한 마음으로 책을 보내주신 임중기 선생님께 감사를 드립니다. 특히 선생님의 일기를 보면서 최태사 선생님과 같으면서 다른, 그러나 그 시작과 끝은 또 다시 같은 모습을 뵐 수가 있었습니다. 일기에 그려졌던 당시의 이 지역의 사정이나 선생님께서 처하셨던 여러 어려움 속에서 하루하루 쌓아 가셨던 선생님의 믿음의 하루하루를 성경말씀을 대하듯 읽을 수밖에 없었습니다. 저는 풀무학교에서 30여 년을 일하면서 많은 분들이 다녀가는 모습을 지켜보았습니다. 정말 의연한 마음을 품고 자신을 우리 교육에 바치겠다는 굳은 마음을 가지고 와서는 현장에서 얼마 버티지 못 하고 되돌아가는 분들을 많이 보았습니다. 물론 자신의 처음 생각을 이루려고 열심히 노력하며 살아가고 있는 분들이 많습니다. 다만 그러한 일을 끝끝내 지탱하여 간다는 것이 얼마나 어려운 일인가 하는 것을 저는 실감하고 있다는 말씀을 드리는 것입니다. 선생님의 복홍에서의 생활을 오늘 이곳에서 제가 말씀 드릴 필요는 없을 것입니다. 다만 참으로 어려운 환경이었고 보통의 생각으로는 그 어려움을 어떻게 극복하면서 하나님의 뜻에 순종하실 수 있으셨을까 하는 것은 역시 놀라운 마음을 가지지 않을 수가 없습니다. 두 분은 도시와 농촌이라는 서로 다른 공간을 택하셨지만 결국 하나님의 평화를 심는 일을 의식하셨든 무의식적이셨든 간에 우리에게 같은 모습으로 남아있습니다.

무엇이 국 선생님과 최 선생님을 전혀 멀리 있으면서도 같은 뜻을 가지게 한 것일까요? 두 분 선생님이 참으로 위대한 인격자들이셨기 때문일까요? 물론 두 분은 인간적으로도 훌륭한 인품을 가지셨던 분들임은 우리 모두가 인정하지요. 그러나 그것만으로는 충분치 않다는 생각입니다. 분명한 것은 두 선생님의 바탕에는 하나님이 계셨다는 것입니다.

두 분의 살아가신 모습을 볼 때 몇 가지 공통점을 발견할 수가 있습니다. 첫째, 두 분은 사람들을 사랑하셨습니다. 어떤 사람이든 두 분 앞에 서면 그 사람은 바로 사랑받는 사람이 되었습니다. 둘째 그 사랑은 자신의 힘이나 노력으로 비롯된 것이 아니라 하나님으로부터 나온 사랑이었습니다. 그래서 그 사랑에는 힘이 있었습니다. 때로 그 사랑의 표현이 인간적으로 서운한 형태로 나타난 때도 있었지만 그것을 사랑으로 느낄 수밖에 없었던 것은 바로 그런 믿음에 의한 사랑이었기 때문입니다. 셋째, 그 베푸신 사랑에 자신의 공적은 없었습니다. 아니 자주 당신의 잘못을 생각하고는 즉시 하나님 앞에 뉘우치는 모습을 곳곳에서 볼 수가 있습니다. 이런 두 선생님의 모습은 우리 앞에 참으로 평화롭고 자애로운 모습으로 비쳐졌습니다. 그리고 그것은 하나님께서 우리에게 주시고자 하셨던 참 평화의 모습이 아니었을까 생각합니다. 최태사 선생님은 '평화의 사람이란, 곧 믿는 사람의 별명'이라고 말씀하셨습니다. 참으로 그런 별명을 들으실만한 분들이 아닐까 생각합니다.

앞에서 읽은 데살로니가 후서 3장 16절에서 바울은 이렇게 말하고 있습니다.

"평강의 주께서 친히 때마다 일마다 너희에게 평강을 주시길 원하노라. 주는 너희 모든 사람과 함께 하실찌어다."

바울은 당시 데살로니가 신도들 사이에 그리스도의 재림에 관한 이설로 말미암아 마음의 평안을 잃고 침착성 없는 생활을 하는 자들이 많은 것을 보고 항상 또는 모든 일에 평화가 있을 것과 그리스도께서 모든 사람들과 함께 하시길 바라는 마음으로 이 말씀을 전했다고 보여 집니다. 불신의 시대에 바울의 마음을 우리 주님께서는 두 분을 통해서 당신의 일을 이루시려 하셨던 것이 아닐까 생각합니다.

국 선생님의 가르침을 이어가려는 노력으로 오늘의 이 자리가 마련된 것으로 알고 있습니다. 그동안 선생님으로부터 사랑을 받은 형제들의 노력으로 여러 권의 책이 발간되고, 귀중한 시간을 이어가고 있게 됨에 다시 한번 감사를 드립니다. 아울러 평생 최태사 선생님의 일을 보필하셨던 오영환 선생님께서 자신의 사재를 내어 최태사 선생님의 정신을 알리고자 시작한 최태사 선생님 기념사업모임인 〈일심회〉에 국 선생님의 귀한 제자이신 임중기, 박동래 선생께서 적극적으로 참여하신 일은 그냥 우연이 아닌 것을 새삼스럽게 느낍니다. 이러한 후진들의 진정한 노력에 우리 모두 동참하고 이 일을 통해 두 선생님께서 우리와 세상에서 알기를 원하셨던 주님의 평화가 온 세상에 깃들기를 바랍니다.

마지막으로 저는 국 선생님의 글을 읽다가 오르간을 치면서 찬송하셨다는 부분을 읽고 나서는 늘 선생님의 오르간 앞에서의 모습을 그리곤 했습니다. 그리고 이 찬송을 생각합니다. 오늘 함께 부르시면서 제 말씀을 마무리할까 합니다. 찬송가 468장입니다. 감사합니다.

고 국희종 선생 9주기 기념모임 사진

하나님의 섭리 안에서의 국희종 선생님과 나

국희종 선생님 본향에 가신 6주년 강연회에서

임중기

국 선생님이 복흥에 오신 것이 1960년 9월입니다. 그 때에 제가 10살 유년시절로 주일학교에 나가 선생님의 말씀을 듣고 있을 무렵 저의 부모님도 교회에 나가 선생님의 말씀을 들으셨습니다. 아버지가 천식으로 계속 기침을 하므로 선생님께 치료를 받곤 하였습니다. 60년 말 경부터 65년 말까지 약 5년 동안 선생님 말씀을 듣고 깊은 사랑을 받았습니다.

그 후 저는 1966년에 다른 지방에 가게 되었습니다. 그리고 69년 봄에 상경하였습니다. 그 때 우리나라는 섬유업이 부흥하여 저는 섬유업에 취직을 하여 열심히 일을 하였습니다.

1975년 회심을 하게 됩니다. 예수 그리스도가 나의 죄 때문에 십자가에서 죽었다는 것이 믿어지게 된 것입니다. 그리고 예수 그리스도가 나의 영원한 주님이시다는 것이 믿어졌습니다. 내 죄로 인하여 죽어야 할 죄 값을 예수 그리스도 십자가 대속의 죽음이 곧 나를 위하여 대신 죽으셨다는 것이 믿어진 것입니다.

진리를 알고 진리에 눈이 열리니 기성 교회에서 예수 그리스도와 무관한 일들을 하고 있다는 것을 보게 되었습니다. 그리하여 내가 열심히 나갔던 홍익교회에서 신앙의 갈등이 있게 되었습니다.

"산은 산이요 물은 물이요"란 말씀을 하였던 성철 스님은 예수 믿는 사람들이 예수님의 말씀을 제일 듣지 않고, 부처님을 믿는 사람들이 부처님 말씀을 듣지 않는다고 말하신 적이 있지만, 예수님은 '너희는 골방에 들어가 은밀한 중에 계신 너희 하나님께 기도하라'고 하셨는데 통성 기도로 교회당이 떠날 정도로 큰 소리를 내며 '기도하고, 너희 왼손이 한 일들을 바른손이 알 수 없게 하라'고 하셨는데 대형 마이크로 아무개 집사 감사헌금 냈다고 하니 다 예수님의 가르침과는 무관한 일들을 하고 있다고 보였습니다.

이렇듯 내가 출석하고 있는 교회와 갈등하고 있을 때에, 75년 7월경에 국 선생님께서 서울 나의 집에 심방을 오셨습니다. 실로 국 선생님께서는 복흥에 오신 후 16여 년 만에 서울에 오셨습니다. 그동안 복음전도에 열중하여 전혀 출타를 하시지 않으셨습니다. 그리고 그 때에 《성서연구》란 잡지를

3.4.5. 월분을 보라고 주고 가셨는데 지금까지 읽은 책에서 자갈을 보았다면 《성서연구》에서는 자갈 속의 진주를 본 것 같은 기분으로 보았습니다. 그리고 바로 잡지구독을 하고, 서울 종로2가에 있는 YMCA 강당에서 있던 성서 강연회에 가서 청강을 하게 되었습니다.

《성서연구》 주필이신 노평구 선생님께서 주로 강연을 하셨는데 그 모임은 엘리트 분들의 모임으로 생각이 되었습니다. 교수님이나 의사님 또는 교육계에 종사하는 분들이 주류를 이루고 있었습니다.

저는 와이집회를 통해 함석헌 선생도 알게 되고 그분의 책도 읽고, 함 선생의 스승인 유영모 선생도 알게 되고 유영모 선생의 책을 읽게 되고, 또한 김교신, 송두용, 이찬갑, 유달영, 박석현, 장기려, 주홍로 선생님 등 우리나라 무교회 안에 있는 선생님들을 알게 되고, 세계적인 분들인 어거스턴을 알고 그 분의 책도 읽게 되고. 종교 개혁자 루터, 칼 빈, 존 번연, 일본의 우찌무라 간조, 중국의 워치만니, 인생을 논한 카알 힐터, 간디, 톨스토이, 토인비, 파스칼 괴테, 『신락원』을 쓴 존 밀턴, 『신곡』을 쓴 단테, 등 많은 세계위인들도 책을 통해 만나게 되어 저에게는 실질적으로 공부하는 때였습니다. 이토록 와이집회는 저에게 제2의 인생을 사는 곧 공부하는 길을 보여주고 있었다고 할 수 있습니다.

저는 와이집회에서 주로 국 선생님에 대하여 이야기를 많이 하였습니다. 나 자신이 강사로 나아가지는 못했습니다만 때가 주어지면 선생님에 대한 이야기를 하였습니다.

그것은 국희종 선생님께서 자신의 이야기를 하지 않으시므로 사실을 알고 있는 사람의 증언의 이야기가 필요하다는 것을 느꼈던 것으로 생각이 되어집니다. 국 선생님에 대하여 이야기하여 국 선생님의 이름을 높이겠다는 것이 아니라 국 선생님 안에서 역사하시는 하나님의 사랑을 전하기 위해서는 국 선생님의 이야기를 하는 것이 좋을 것으로 생각이 되었습니다.

우리나라 무교회 모임 중에서 중앙인 와이집회에서 선생님에 대하여 이야기하는 사람은 저 한 사람으로 생각이 되어집니다. 특히 국 선생님을 알고 와이집회에 나온 사람은 저 한 사람이었습니다.

그 무렵 국 선생님은 복흥을 중심으로 쌍치면, 구림면 등 순창군 일대 여러 면을 순회하며 전도를 하셨지만 글은 쓰시지 않으셨습니다. 복흥 교회에서 말씀을 하실 때도 손 바닥만한 종이에다 깨알같이 잔글씨를 써 설교를 하시고 일들이 계속되었습니다.

저는 어느 때부터인가 국 선생님께 글을 쓰시라는 권면을 하게 되었습니다. "책 만드는 일은 후대에 맡기고 글을 쓰십시오." 책을 읽어 배움이 많았던 저는 책에 중요성을 누구보다 잘 알고 있었습니다.

"성서 말씀을 전도하는 것도 좋은 일입니다만, 말씀을 하셨던 것들이 원고화 기사화가 되어 책으로 만들어져 후대가 볼 수 있게 하는 것도 사명으로 생각되어집니다." 하고 권면을 하게 됩니다.

제가 이렇게 글을 쓰시라고 권면을 계속하게 된 것은 노평구 선생께서 김교신 선생의 글을 모아 책을 내는데 제 자신이 동참하게 되고 좋은 말씀을 책으로 만드는 일도 중요한 일로 느끼게 되어 그렇게 권면하였던 것으로 생각이 되어 집니다.

노평구 선생께서 김교신 선생의 책을 발간하실 때에 돈이 없어서 예약을 받고 예약된 돈이 선금으로 입금되면 그것으로 책값을 내고 하는 것을 보고 제 자신은 늘 수권을 예약을 하여 김교신 선생의 책을 발간할 때 정신적으로 동참한 일이 있었습니다.

국 선생님이 글을 쓰시면 그 책은 내가 내겠다는 생각을 하게 되고, 선생님께 글을 많이 쓰시라고 수없이 권면을 하게 됩니다. 그러나 선생님은 너무나 겸손하신 분이라 자신의 글이 세상에 나오는 것을 늘 꺼리는 느낌을 받고 하였습니다.

그러나 제 자신은 책을 통해 제2의 인생을 살고 있는 터라 책의 중요성을 알게 되어, 제 자신도 신앙생활에 느끼는 점들을 글로 써 《성서신애》지 주필인 이진구 선생님께 보내면 그 글들이 기사화되어 나오기도 하였습니다.

국희종 선생님께서는 1982년 이후로 《성서신애》지에 기고를 하셨습니다. 그때 기고한 글은 일본에 야나이라 선생의 사무엘서 강의를 의역하시어 《성서신애》지에 기고를 하셨습니다. 또한 88년 7월부터 야나이라 선생의 사도행전 강의를 의역하시어 기고하게 되는데 그 때부터 저도 《성서신애》지에 기고를 하게 됩니다. 스승과 제자가 나란히 말입니다.

오늘날 〈천우회〉에서 발간하는 책들입니다. 박동래 선생과 천우회에서는 국 선생님이 본향에 가신 뒤 계속적으로 1년에 한권 씩 책을 발간하고 있습니다. 국 선생님께서 의역을 하셨건 선생님이 쓰신 것이건 글을 모아 책을 만들고 있습니다. 최고의 책을 만들려고 하여도 잘 되지 않은 것이 안타까울 뿐입니다.

결과적으로 75년, 제 집에 심방하시어 《성서연구》 3-4-5월호를 저에게 주심으로 제 자신이 독립 신앙의 길을 가게 되고, 또한 공부할 수 있게 된 일들이 하나님의 섭리였다는 것이 믿어진다는 것입니다.

또한 제 자신이 그러한 책을 읽고 소화하고 이해하며 환희속에 책을 읽을 수 있었던 것은 국 선생님의 한결같은 기도와 편지로 격려가 있었기에 가능한 일들였다고 고백하고 싶습니다. 돌이켜 생각하면 유년시절에 집이 가난하여 초등학교도 다니지 못한 사람이 선생님을 통해 사람이 되고 공부하여 세계의 많은 책을 소화하며 읽을 수 있었던 것은 선생님의 사랑! 예수 그리스도의 은혜로 된 것이었다고 생각이 됩니다.

국 선생님은 1969년 5월, 제가 서울에 온 후 1999년 5월 선생님이 본향에 가시기까지 30 년 동안에 저에게 약 300통의 편지를 주셨습니다. 시인 현장송 선생님은 그 편지를 보시고 '임중기씨가 신앙인으로 살게 된 것은 국 선생님의 편지로 살게 됨을 본다'고 이야기하셨습니다. 기도로 편지로 일생동안 독려와 격려로 저에게 심혈을 다하셨습니다. 어디 선생님께서 저에게만 그렇게 하셨겠습니까?

[편지 집 소개]이 편지는 국희종 선생님이 제자 임중기에게 보낸 편지로 편지 모음집 1,2,3권 중에서 제2권입니다.

세계적인 시인 미국에 월트 휘트맨은 울밑에 봉숭아에서 하나님의 창조를 보았고, 낙엽 한 잎에서 하나님이 보낸 편지를 보았습니다. 저는 국희종 선생님이 보내주신 편지에서 하나님의 참사랑을 보았습니다. 더욱이 국 선생의 편지에는 상층부의 사람과 하층부의 사람의 차별이 있을 수 없음을 보여준 중요한 자료입니다.

그리하여 국 선생님을 본향으로 가시기 일주일 전인 1999년 5월 1일 병원에서 뵈올 수 있었습니다. 그 때에 선생님은

“중기씨, 중기씨는 내 마음과 합한 사람입니다.” 저는 선생의 그 말씀에 긍정하였습니다. 그리고 “예 그리합니다. 선생님은 저에게 자신의 혼을 넣어주셨습니다. 뿐만이 아니라 그리스도의 영을 제가 받도록 일생동안 기도하셨습니다. 이것은 오직 하나님의 섭리로 되어진 일들입니다.”

왜 제가 오늘 이렇게 저의 이야기를 나열했느냐고 묻는 사람이 있을 것입니다. 국 희종 선생님의 사랑으로, 사랑의 희생으로 제 자신이 다시 살게 되기 때문에 국 선생님의 사랑이 그리스도 예수님의 사랑이란 것을 여러분 앞에 증언하고자 제 자신의 이야기를 나열하였습니다.

제가 저 된 것은 오직 국 선생님의 일생의 희생으로 저는 살고 선생님은 세상적으로 희생 된 것입니다. 선생님의 사랑은 희생으로 끝이 아닙니다. 이렇게 저 같은 부족한 사람도 새 사람으로 살 수 있게 하셨습니다.

그리하여 오늘 선생님께 감사하고 하나님께 감사와 찬미를 돌리기 위하여 말씀하게 된 것입니다. 잘 못된 글이 있으면 관용을 빕니다. 감사합니다.

스승의 날에 대한 단상(斷想)

최병주(평택시 공무원)

5월은 가정의 달입니다. 5일이 어린이날이고, 8일은 어버이날이며, 특히 15일은 스승의 날입니다.

저는 지난 5월 5일에 국희종 선생님 7주기 추모예배를 위해서 선생님의 사랑과 희생과 얼이 오롯이 간직되어 있는 전북 순창군 복흥 땅을 두 번째로 밟아보는 감격을 누렸습니다.

내장산국립공원 입구로부터 복흥면 정산리 땅에 이르는 동안 장엄한 내장산의 산세를 바라보면서, 생전에 이 험한 산길을 수도 없이 넘으며 복흥면지역을 중심으로 독립의료선교의 길을 걸어오신 선생님의 그 고귀한 발길은 "놀랍고도 반가워라, 희소식을 전하려고 산을 넘어 달려오는 저 발이여! 평화가 왔다고 외치며, 복된 희소식을 전하는구나. 구원이 이르렀다고 선포하면서, 시온을 보고 이르기를 「너의 하나님께서 통치하신다.」하는구나."(이사야서 52:7) 라는 말씀과 일맥상통

한다고 생각되었습니다.

허리께까지 빠지는 눈 속에서도 백리 길을 환자 진료와 복음 전파를 위해서 내장산 험산준령을 오르내리셨던 선생님의 발바닥이 두껍게 각질로 덮이셨다는 아드님들의 회상의 글을 접하고, 저는 선생님께서 얼마나 큰 고난의 가시밭길을 걸으셨는지 상상하고도 남습니다. 너무도 제 가슴이 찡했고, 또 선생님이 존경스럽습니다.

의사이셨던 부친의 가업을 그대로 이어받으셨더라면 세상 부귀영화를 충분히 누리실 조건이 되셨는데도 불구하고, 남들이 돌아보지 않는 음지에서 묵묵히 선교활동을 하신 선생님의 발자취는, 모든 인류의 구원을 위하여 하나님 우편의 빛나는 보좌를 버리시고 사람의 몸으로 이스라엘의 가장 낮은 땅 베들레헴으로 성육신(成肉身)하신 우리 주 예수 그리스도의 겸손을 철저히 닮았다고 생각합니다.

"나는 심고 아볼로는 물을 주었습니다. 그러나 자라게 해 주신 분은 하나님이십니다. 그렇기 때문에 심은 사람도 물을 준 사람도 아무 것도 아닙니다. 중요한 분은 성장시켜 주신 하나님뿐입니다."라고 사도 바울께서 고린도전서 3: 6-7에서 하신 말씀을 그대로 실천하신 선생님의 겸손하신 삶의 자세를 발견합니다. 선생님의 발자취로부터 참 교사상(教師像)을 발견해 낼 수 있게 된 것을 큰 기쁨으로 생각합니다.

내일이 바로 스승의 날이기 때문에 저도 문득 초등학교 6학년 때의 담임선생님이 생각납니다. 그 선생님은 평소에 지병인 폐병을 앓고 계셔서 건강상태가 좋지 않았습니다.

학교에 등교를 하면 출석을 부른 다음에 기성회비를 내지 못한 학생들을 한 사람도 빠짐없이 차례차례 교탁 앞으로 불러내어 기성회비 미납사유를 꼬치꼬치 캐어물으시면서, 종종 첫째 시간을 때우시던 기억이 납니다.

아마 수업 시작 전에 교무실에서 교장선생님으로부터 학급별 기성회비 납부율이 낮은 담임선생님을 질책하셨기 때문이 아닌가 하고 생각합니다.

그 당시 6학년 국어교과서에는 북유럽 덴마크의 개척자 달가스의 전기가 실려 있었는데, 수업시간에 담임선생님이 느닷없이 저에게 다가오셔서 "최병수, 너도 달가스 같은 사람이 되라!"고 해 주시던 말씀이 지금도 귀에 쟁쟁합니다.

제 이름은 초등학교를 졸업할 때 까지는 '병수(柄洙)'로 불리었으니, 호적의 이름 끝 자가 물가 수(洙)가 아닌 구슬 주(珠)로 되는 바람에 이름이 '병주(柄珠)'가 되었습니다.

지금 생각해보면 초등학교 시절에 저는 5학년 때는 전교어린이회부회장을 하면서 바로 위 선배들의 졸업식에서 재학생 대표로 송사(送辭)를 읽었고, 졸업식 때에는 졸업생을 대표하여 답사(答辭)를 읽었을 정도로 평소 학습시간에 읽기를 잘하는 편이라서 선생님들의 사랑을 많이 받았기 때문에 특별히 저에게 이런 메시지를 주신 게 아닌가 하고 생각합니다.

'달가스'는 1864년 슐레스비히와 홀슈타인 두 공국의 귀속 문제를 둘러싸고 일어난 프로이센과의 두 차례에 걸친 전쟁에서 패하여 실의에 빠져 있던 덴마크 국민들에게 용기와 의욕을 불러일으키기 위하여 뜻을 같이 하는 친구들과 함께 히스협회를 설립하고 초대 회장에 취임하여 유틀란트 히스(황무지에 무성하는 석남과의 키 작은 상록수)지대의 황무지 개간에 착수하였습니다.

그는 비보르에서 근무하는 동안 유틀란트 주(州)의 토양을 연구하고 이에 대하여 많은 것을 알게 되었는데, 이때의 지식이 히스지대의 개간에서 큰 도움이 되었습니다. 히스협회 회원들의 열성에 감동한 덴마크 국민들이 그들의 작업에 자발적으로 참여하여 황무지에 나무심기를 거듭한 끝에 거친 땅을 옥토로 바꾸어 놓았고, 국민들도 실의에서 벗어날 수 있었습니다.

전쟁에 패망한 덴마크 국민들이 실의에 젖어 있을 때, 정신적인 지도자였던 군인(육군대령) 달가스와 그룬트비 목사는 큰 사각형 안에 작은 사각형을 그린 다음, 서로 대칭하는 모서리를 연결하여 만든 네모꼴 접시 모양의 그림을 그려 넣었는데, 이 그림은 입체감이 풍부하여 보는 관점에 따라 바닥이 앞으로 나온 것처럼 보이기도 하고, 안쪽으로 쑥 들어간 것처럼 보이기도 합니다. 이들은 이 깃발을 내걸고 외쳤습니다.

"국민 여러분! 이 깃발은 앞으로 나왔습니까? 들어갔습니까?" 군중들의 의견은 들어갔다는 사람, 나왔다는 사람 구구각색이었습니다.

그 때, 달가스는 심호흡을 하며 국민들을 향해 외쳤습니다. "그렇습니다. 모두 정답입니다. 이 깃발이 나왔다고 생각하면 나왔고 들어갔다고 생각하면 한없이 들어간 것입니다."

그리고 잠시 숨을 멈춘 뒤, 국민들에게 간절히 호소했습니다.

"덴마크 국민 여러분, 우리도 이 그림과 같이 잘 산다고 생각하면 잘 살고, 못 산다고 생각하면 못 살게 되는 것입니다. 이제 우리 모두 잘 산다는 신념으로 전 국민이 협동 단결하여 밖에서 잃은 것을 안에서 찾도록 합시다!"

그 이후 덴마크 국민들은 이 깃발의 정신으로 뭉쳐 세계가 부러워하는 유축 농업과 일등 가는 삼림부국을 이룩했던 것입니다.

나이 50대 중반에 서서 잠시 제 삶의 역정(歷程)을 되돌아보며 '달가스 처럼 살아라.'고 당부하시던 선생님의 기대에 부응하지 못한 채 살아온 제 자신이 후회스럽기만 합니다. 다만 남은 생애를 기독교의 이상으로써 현실을 극복하는 삶을 영

위하고자 하는 소망뿐입니다.

저는 초등학교 1학년 여름방학 때 동네 이발관에서 소독 되지 않은 바리깡으로 쥐어뜯겨가면서 이발을 한 뒤에 그만 기계충에 걸려 머리가 폭탄을 맞은 것처럼 황폐화되어버렸습니다. 이런 저이기에 평소에 산림녹화에 관심이 무척 많았고, 헐벗은 산을 보면 마치 숱 없는 제 머리 같아서 강한 동류의식을 느끼게 되어 매년 식목행사 때 마다 남다른 애착심을 갖고 열심히 나무를 심었습니다.

그러나 은혜로우신 하나님께서는 저에게 머리숱을 많이 주시지는 않으셨지만, 그 대신 병원에 한 번도 입원한 일이 없을 정도로 건강을 주신 것은 또 다른 하나님의 축복이 아닌가 하고 생각하면서 많은 욕심을 부리지 않으려고 합니다.

스승의 달을 맞아서 교사의 관심 있는 말 한 마디가 제자의 인생관과 장래 이상을 올바르게 확립해주는 결정적인 전환점이 될 수 있다는 점을 강조하기 위해서 이 말씀을 드렸습니다.

마태복음 19:16-17을 잠시 보겠습니다.

"선한 선생님이시여, 영원한 생명을 얻으려면 제가 무엇을 해야 합니까? 그러자 예수께서 대답하셨습니다. 왜 나를 선하다고 부릅니까? 선한 분은 오직 한 분 하나님뿐이십니다. 만약 생명에 들어가려고 생각한다면 훈계를 지키십시오."

교사 중의 교사는 하나님 자신입니다. ……

하나님께서는 세계와 인생을 교실로 하시고, 자연과 역사를 교재로 하시며, 성서를 교과서로 하셔서 사람을 가르치십니다.

하나님께서는 저녁에 빛나는 백설(白雪)의 연봉(連峰)을 가리켜 사람들에게 '장엄(莊嚴)함'을 가르쳐주시고, 하늘에 별자리(星座)의 궤도를 걸어놓으시며 '유구(悠久)함'을 가르쳐주시고, 또한 국가흥망의 발자취를 역사에 나타내시어 '정의(正義)'를 가르쳐주십니다.

그리고 세계와 인생의 현실에서 일어나는 모든 일들을 통하여, 우리들이 올바르게 판단하고 올바르게 행동했을 때는 "잘했다."하고 상을 주시며, 잘못했을 때는 "그러면 못쓴다."하고 벌을 내리십니다.

그리고 우리들에게 책을 열어서 하나님의 말씀을 가르치시며, 어느 때는 친절히, 어느 때는 엄하게 필요에 대응하여 진리를 가르쳐주십니다.

그래서 우리들은 매일의 경험을 통하여 하나님의 진리를 배우고, 하나님의 지도를 신뢰하며, 인생을 살아가게 되는 것입니다.

어떤 때는 험한 비탈을 오르겠지요. 또 어떤 때는 사막으로 끌려 들어가는 일도 있겠지요.

그러나 하나님께서 인도하시기 때문에 우리들은 하나님의 인도하심을 신뢰하여 죽음의 그늘이 드리워져 있는 골짜기도 두려움 없이 걷습니다.

하나님의 자녀인 우리들은 어떤 자세로 이 세상을 살아가야 하겠습니까? 지나친 오만과 비하라는 극단적인 모습으로 살아가서는 안 되겠지요?

우리가 스스로의 힘으로 무엇인가를 이루었다고 생각하는 것은 오만(傲慢)입니다. 그렇지만 우리들의 힘으로는 아무 것도 할 수 없다고 생각하는 것은 비하(卑下)입니다.

오만이나 비하 모두 죄입니다. 우리들은 다만 '하나님께서 이루어주십시오.' 하면서, 말한 바를 실행(實行)하면 그만인 것입니다. 우리들이 일하는 이상으로 하나님께서 스스로 일하시는 것입니다. 여기에 우리들의 희망(希望)이 있습니다.

하나님의 인도를 신뢰하고 걷는 생애는 학생이 교사의 뒤를 따라서 소풍을 가고, 또는 사병들이 지휘관의 뒤를 따라서 행군하는 것처럼 편안하고 자유로운 복종의 생애인 것입니다.

벼는 익을수록 고개를 숙인다

국신동(국희종 선생님 큰아들)

어렸을 적부터 오랜 기간 동안 가정예배를 드렸습니다.

아버지께서 자주 하셨던 말씀 중 하나가 "벼는 익을수록 고개를 숙이지만 속이 빈 쭉정이는 빳빳이 머리를 들고 있다가 종내에는 농부 손에 뽑히운다"는 것이었습니다.

교만하지 말고 항상 겸손하게 살아라는 뜻이셨겠지요.

또한 겸손이 그만큼 중요하고 실천이 쉽지 않다는 걸 알려주시는 것이기도 하구요.

"내가 죄인 중에 괴수라" 고 하신 바울의 말씀도 자주 인용하셨지요.

하나님 앞에서 한없이 나약하고 보잘 것 없는 존재임을 깨닫는 것이 믿음이라 생각하셨을 것입니다.

아버지는 하나님 앞에서 참으로 겸손하신 분이었습니다.

자기의 믿음을 자랑치 않으셨고, 애양원과 복흥 등지에서 하나님의 일을 행함을 남들한테 내보이지 않으셨고 묵묵히 하나님 앞으로 한 걸음 씩 다가서셨던 분으로 기억합니다.

오래 전에 작고한《샘터》의 편집장 정채봉 시인의 글이 생각납니다.

옷걸이

세탁소에 갓 들어온 새 옷걸이한테
헌 옷걸이가 한 마디 하였다.

"너는 옷걸이라는 사실을
한시도 잊지 말길 바란다."

"왜 옷걸이라는 것을
그렇게 강조하시는지요?"

"잠깐씩 입혀지는 옷이
자기의 신분인 양 교만해지는 옷걸이들을

그 동안 많이 보았기 때문이다”

아버지께서는 하나님 보시기에 참으로 겸손하셨던 분이었습니다.

그리스도의 분신으로 사신 삶

임중기

국희종 선생님의 신앙을 보겠습니다. 선생님의 신앙 문제를 이야기한다는 것은 참으로 어려운 일이라고 생각이 되어집니다. 그러나 선생님께서는 일생동안 그리스도의 복음 전도를 위하여 사셨으니, 선생님의 신앙의 문제는 조명을 받아야 할 것입니다.

선생님의 신앙적인 삶을 결론부터 이야기하고 싶습니다. 선생님의 신앙의 삶은 '그리스도의 분신'으로 사셨다고 보아집니다. 기독교에서 이야기한 믿음의 삶이었고, 그리스도의 분신, 곧 그리스도가 사셨다고 본 것입니다.

선생님께서 그리스도의 분신으로 사셨다는 것을 몇 가지 이야기하겠습니다. 첫 번째로 자기에게 해를 끼치는 사람을 사랑했다는 것입니다. 선생님께서 처음 복흥에 오시어 교인들의 장지로 쓰려고 산을 산 일이 있습니다. 그 때에 어느 분과 같이 산을 샀는데 그 분이 산 이전을 해주지 않고 선생님을 속였습니다. 그 후 저는 서울에 있으면서 선생님을 찾은 일이 있었는데, 선생님은 그 산을 같이 샀던 분에게 약을 갖다 드려야 한다고 저에게 동행을 부탁하였습니다.

저는 깜짝 놀랄 수밖에 없었습니다. '아니 그분은!' 하면서 선생님을 바라보았습니다. 선생님은 그분이 사시는 일생 동안 약을 갖다 드리고 치료해 주었습니다. 저는 그것을 결코 보통 사람은 할 수 없는 일이란 것을 잘 알고 있습니다. 그러한 일들 중에서 그리스도의 상을 본 것입니다. '저것은 그리스도의 사랑이구나'. 인간 국희종 선생님의 사랑이 아니라 그리스도, 곧 하나님의 사랑을 보았던 것입니다.

선생님의 삶을 사랑이 많은 삶으로 생각할 때 선생님은 그리스도의 분신으로 보여진 사람이었습니다. 1981년인가 82년인가 정확히는 알 수 없지만 우리 나라에 흉년이 든 일이 있었습니다. 그러나 복홍은 벼농사가 원만히 되어 나는 어느 노인에게 "복홍은 농사가 원만히 되어 기쁩니다. 서울에서 내려오면서 보니 다른 곳은 벼가 다 죽었는데요" 하였더니, 그 노인의 말씀이 "하나님의 종 국 선생님이 복홍에 계신데 흉년이 들겠습니까?" 하였습니다.

초등학교도 다니지 못하고 글도 알지 못하여 성서를 읽을 수 없는 촌부의 말이, 하나님의 종이 이곳에 살고 있으니 하나님께서 흉년을 주시겠느냐는 말입니다. 이 말이 곧 천사의 말로 들렸습니다. '하나님이 계시니!'하고 기쁜 감동을 받은 일이 있었습니다.

또한 〈광주의사회보〉가 약 30호가 나올 무렵에 있었던 일입니다. 국 선생님께서 〈광주의사회보〉를 그만 두어야 하겠다고 이야기 하셨습니다. 광주의사회에서 회보 내는 것을 좋게 생각하지 않는다는 말씀이었습니다. 저는 "좋은 방법이 있습니다. 의사회보를 선생님 개인 돈으로 발간하십시오. 그리하면 의사회에서는 돈 들어가지 않는 회보가 계속 나오니 이미지는 좋아지고 사회에 그 무엇을 한 것 같은 일로 보여지기 때문에 회원들이 좋아할 것입니다." 라고 말씀을 드렸더니 함박 웃음을 웃으시며 기뻐하신 그 모습은 참으로 천진스럽기도 할 정도였습니다.

선생님께서 자신에게 해를 끼치는 사람을 사랑하고 일생동안 약을 갖다 드리고, 농촌 촌부의 입에서 국 선생님을 하나님의 종이라고 말 할 수 있도록 선생님은 사셨습니다. 그러면 어떤 신앙이기에 그렇게 살 수 있는가, 그 신앙의 근본의 뿌리가 무엇인가를 생각해 보아야 할 것입니다.

성서에는 '마음이 청결한 사람은 하나님을 볼 것이다' 했습니다. 선생님을 참으로 마음이 청결한 분으로 생각해 봅니다. 청결한 마음을 가진 사람과 청결하지 못한 마음을 가진 사람의 차이는 죄를 짓고 죄에 대하여 얼마나 고민하느냐에 달려 있습니다. 마음이 청결한 사람은 죄를 짓고 가슴을 치며 괴로워하는 사람이고, 마음이 청결하지 못한 사람은 같이 죄를 짓고도 그럴 수 있지 하며 자기 합리화하는 사람입니다. 더욱 나쁜 마음은 죄짓고 자랑이나 되는 것 같이 생각하는 사람일 것입니다. 선생님은 죄를 짓고 가슴을 치고 뼈를 깎는 고민을 한 분으로 생각이 되어집니다.

선생님은 젊은 날에 작은 죄를 짓고도 많은 고민과 가슴 아파했지 않았나 생각됩니다. 그 후 죄를 크게 느껴 선생님께서 예수 그리스도의 은혜 대속, 십자가의 죽으심이 자신을 살리기 위해 죽으셨다는 것을 알게 될 때, 대속의 사랑이 이 세상 어떤 것들보다 더욱 큰 은혜로 다가왔던 것입니다. 우주 만물 창조 이후로 제일 큰 은혜, 생명을 다시 찾게 되었다는 것입니다. 그리하여 세상의 명예나 부, 권위의 모든 것들에게 가치를 부여하지 못하고 그것이 있어도 살고 없어도 살게 된 것입니다.

선생님의 청결한 마음은 보통 사람으로는 느끼지도 못할 미미한 죄도 크게 느끼는 마음입니다. 그 마음이 그리스도를 영접하고 신앙의 새로운 세계를 보게 된 원동력이 되었습니다. 예수 그리스도의 대속의 진리가 너무나 크게 선생님께 다가왔던 것으로 보여집니다. 최고의 보물로 선생님께 다가왔던 것입니다.

천상천하의 하나뿐인 그 보화를 얻기 위해 자신의 모든 것을 다 주고 샀다고나 할까. 큰 보물 앞에서 자신이 지금까지 귀하게 갖고 있던 것들이 이젠 아무 것도 아니고, 바울의 말씀을 빌리지 않아도 그것에 가치를 부여하지 못하게 된 것입니다.

100달란트 탕감을 받는 사람보다 2만달란트 탕감을 받은 사람이 더욱 감사한다는 말씀과 같은 것입니다. 자신의 죄를 크게 느꼈던 선생님은 그리스도의 십자가의 은혜가 크게 다가온 것입니다.

우주 만물을 창조하시고 이 땅에 오셔 만물과 인류를 새롭게 하기 위해 십자가를 지신 그리스도가 선생님에게는 최고 최상의 것이었기에 예수님을 따라 살다보니 그리스도의 분신의 삶을 사셨다는 결론입니다. 예수님께서 이야기하신 '마음이 청결한 자는 하나님을 볼 것이다'와 같이 선생님은 인생의 부족함을 알고, 하나님의 아들 그리스도를 구세주로 영접하고 섬긴 삶으로 결론할 수 있습니다.

역사에는 가문이 좋고 어느 것 하나 부족함이 없으면서 예수님을 잘 믿는 사람들이 있었는데, 그 대표적인 사람을 말한다면 바울과 루터, 일본의 네촌 감삼, 우끼무라, 그리고 우리의 스승인 국희종 선생님을 들 수 있을 것입니다. 그리하여 나는 국희종 선생님을 늘 하나님과 동거동락한, 그리스도의 분신으로 사신 분으로 결론 짓겠습니다. 곧 그리스도가 사셨다고 말입니다.

참 이스라엘 사람 혜인 선생님의 발자취

최병주(평택시 공무원)

혜인 국희종 선생님 7주기를 추모하기 위하여 지난해에 이어 두 번째로 순창군 복흥면 기념교회를 찾아오니 감회가 새롭습니다.

내장산 입구 휴게소에서 잠시 휴식한 다음, 굽이굽이 감돌아 들어가는 장엄한 산세와 빼어난 경치를 목도하고, 내장산이 단풍만 유명한 줄 알았는데 신록이 우거진 초여름 풍경이 이렇게 아름다운지는 예전에 미처 몰랐습니다.

이렇듯 웅대한 내장산의 비경(秘景)을 바라보면서 저는 시편 121편 말씀으로써 창조주 하나님의 위대하신 솜씨를 찬양하지 않을 수 없습니다.

"내가 산을 향하여 눈을 들리라. 나의 도움이 어디서 올꼬? 나의 도움이 천지를 지으신 여호와에게서로다. 여호와께서 너로 실족치 않게 하시며, 너를 지키시는 자가 졸지 아니하시리로다. 이스라엘을 지키시는 자는 졸지도 아니하시고 주무시지도 아니하시리로다. 여호와는 너를 지키시는 자라, 여호와께서 네 우편에서 네 그늘이 되시나니, 낮의 해가 너를 상치 아니하며, 밤의 달도 너를 해치 아니하리로다. 여호와께서 너를 지켜 모든 환란을 면케 하시며, 또 네 영혼을 지키시리로다. 여호와께서 너의 출입을 지금부터 영원까지 지키시리로다."

혜인 선생님께서 복흥지역을 중심으로 의료선교활동을 하시던 초기에는 하루에 버스가 1대 정도 밖에 다니지 않을 정도로 교통사정이 나빴다는데, 이 험한 산길을 수없이 왕래하셨던 선생님의 발자취는 이사야서 52:7절 이하의 말씀에 꼭 맞는 일이라는 생각을 해보았습니다.

"좋은 소식을 가져오며, 평화를 공포하며, 복된 좋은 소식을 가져오며, 구원을 공포하며, 시온을 향하여 이르기를 네 하나님이 통치하신다 하는 자의 산을 넘는 발이 어찌 그리 아름다운고…"

제 소개를 잠시 드리면, 저는 지금 용산미군기지 이전으로 한창 들끓고 있는 경기도 평택시 포승면사무소에서 민원팀장으로 일하고 있는 최병주(崔柄珠)라는 구도자입니다.

제가 살고 있는 평택시는 경기도 최남단에 있는 인구 39만명의 시인데, 평택항과 서해대교, 해군2함대사령부, 평택엘엔지 인수기지, 한전평택화력발전소, 그리고 208만평에 이르는 포승국가산업단지가 모두 포승면에 있고, 환황해권 국제무역 물류도시로 한창 발돋움하고 있는 곳입니다.

저는 혜인(惠仁) 국희종 선생님을 생전에 단 한 번도 뵌 적이 없지만, 하나님과 주 예수 그리스도의 인도하심으로 작년 정월부터 서울 〈천우회〉 모임에 출석한 뒤에 선생님의 존재를 깊이 인식하게 되었습니다.

평생을 주의 복음을 위하여 한 손에는 청진기를 드시고, 한 손에는 성경을 드셨던, 우리 시대의 선한 사마리아 사람이시자 참 이스라엘 사람 나다나엘 같은 분이신 혜인 국희종 선생님의 제7주기를 추모하는 뜻 깊은 자리에 주님의 의를 힘입어 감히 서게 된 것을 매우 의미있게 생각합니다.

저는 오늘 혜인 선생님 선생님의 피땀과 젊음이 오롯이 간직되어 있는 유서 깊은 곳에서, 선생님의 소천 제7주기 추모행사를 위하여 운집(雲集)해 주신 여러분을 모시고 선생님과 저와의 특별한 인연에 관해서 말씀드리게 된 것을 기쁘게 생각합니다.

저는 선생님의 신앙문집에서 선생님의 이력(履歷)을 살펴보던 중에 선생님과 저 사이에는 특별한 인연이 무지개처럼 곱게 닿아있음을 발견하게 되었습니다. 그것은 다음 세 가지 측면에서입니다.

첫 번째는 선생님의 초기 5년간의 의료선교 사업지가 제 고향 바로 인근이라는 사실입니다.

선생님께서는 6·25 사변이 한창이던 1951년 1월 15일에 영등포 발 마지막 열차로 부산에 피난하신 뒤, 경남 동래군 장안면에서 진료반장으로 무의촌 진료사업에 종사하셨습니다.

또 진료반이 해체된 1952년 3월에는 이곳에서 영생의원(永生醫院)을 개원하셨고, 1953년 1월 19일에 해군 군의학교에 입교하신 후에 1953년 3월 6일부터 1955년 3월까지 진해 해군병원에서 근무하셨다는 기록을 확인하고 저는 놀라지 않을 수 없었습니다.

장안면은 선생님께서 계실 당시에는 경남 동래군에 속해 있었으나, 행정구역 개편으로 지역 일부가 부산직할시 동래구로 편입되면서 동래군이 해체된 뒤에는 양산군에 속했던 면으로써, 부근에는 유명한 양산 통도사가 있고, 지금은 부산광역시 기장군 장안읍입니다.

저는 1952년생으로, 옛날 인도(印度) 아유타국의 허황옥(허수로왕비) 공주가 가야국 시조인 김수로왕을 만나기 위하여 인도에서 돌배를 타고 와서 내린 포구라고 해서 임금주자, 갯포자 주포(主浦)라는 지명이 붙은 경남 진해시 웅동2동 안의 작은 산골 마을 외할머니 댁에서 태어났습니다.

이곳은 현재 부산·진해 신항만과 녹산국가산업단지, 르노삼

성자동차공장을 관할하는 부산·진해경제특구로 지정되어 있습니다.

저는 여섯 살 때인 1957년에 이웃마을인 부산광역시 강서구 송정동으로 이사 왔는데, 장안읍과 마찬가지로 부산광역시에 속해 있습니다.

이처럼 혜인 선생님께서 초기 의료시업을 하셨던 부산시 기장군 장안읍과, 의무장교로 입대하신 해군군의학교와 해군병원이 위치한 진해시 모두 제 고향이니 선생님과 저의 인연이 보통 인연이 아니라고 생각합니다.

선생님께서 제가 태어나기 한 해 전인 1951년 1월부터 1955년 3월까지 저와 같은 땅에서 함께 호흡하시며 사셨다는 사실을 그 당시에는 꿈에도 생각하지 못했지만, 하나님께서는 오래 전에 이 일을 계획하셔서 먼 훗날에 선생님과 저를 믿음의 끈으로 연결해 주셨다고 생각하니 한없는 감격이 제 가슴에 북받쳐 오름을 느낍니다.

다만, 한 가지 애석한 점은 혜인 선생님께서는 제가 살고 있는 경기도 평택에서 양돈을 크게 경영하고 계시는 애제자 박동래 형제님의 신애농원에서 여덟 달 동안이나 사모님과 함께 농사일도 하시고, 주일성서공부모임도 가지셨다는데, 저는 이 사실을 알지 못해서 선생님의 말씀을 육성으로 듣지 못한 점이 두고두고 아쉽기만 합니다.

두 번째 인연은 선생님께서 소령으로 진급하신 1957년 5월부터 퇴역하신 1959년 8월 31일까지 의무중대장으로 복무하셨던 포항 해병대 제1상륙사단에서 저도 복무했다는 사실입니다.

저는 부친의 6·25 참전으로 난리통에 출생신고가 2년 늦어져서 병역을 필하기 위해서 1973년 7월 2일에 가수 나훈아와 같은 기수인 공군병 235기로 지원 입대하였습니다.

대전에 있던 공군교육사령부 항공병학교와 통신전자학교를 수료한 후, 김포비행장의 헌병대대 군견반에서 '아이크'라는 이름을 갖고 있는 군견을 이끌고 4개월 동안 대통령 전용 비행기 주기장(駐機場) 경비근무를 마친 다음, 일제시대 훈련소가 있던 제주도 모슬포 기상대와 김해국제공항 기상대를 거쳐, 1976년 11월에 포항 해병 제1상륙사단 공군기상파견대로 전속을 가서 그 곳에서 근무하였습니다.

감회 깊게도 저는 선생님보다 꼭 20년 늦은 시기에 포항 해병대 상륙사단에서 복무한 것입니다.

저는 제 고향 부산과 진해에서와 마찬가지로, 포항 해병대 제1상륙사단에서도 당시에는 전혀 알지 못했지만, 저도 모르는 사이에 뒤이어 선생님의 발자취를 따라가고 있었던 것입니다.

더욱이 제가 지냈던 공군기상파견대 내무반은 해군 의무대 내무반과 바로 인접해 있었습니다. 이렇게 한 번도 아니고 두 번씩이나 선생님께서 머무셨던 곳을 뒤따랐으니 제가 선생님과 특별한 인연이 있다고 주장해도 무리는 아니겠지요?

포항은 제게는 소중한 추억이 어려 있는 곳입니다. 내무반장으로 있을 당시 새로 전입해 온 신병의 소개로 제 집사람을 알게 되어 연애편지를 수없이 썼던 곳입니다. 지금 생각하니 아마 선생님의 자취를 뒤 따랐기 때문에 좋은 결실을 맺은 게 아닐까 하고 생각하면서 잠시 선생님과 제가 복무했던 포항에 마음으로 달려가 보았습니다.

저는 포항에서 근무하다가 1977년 5월에 서울 대방동 공군본부에서 1980년 7월 31일 제대할 때까지 복무하였습니다.

셋째로, -가장 본질적인 점인데- 선생님과 저의 신앙 이력에서의 동질성입니다.

우선 선생님은 일반교회 출신이십니다. 선생님께서는 1948년 10월부터 목포 양동교회에서 주일학교 교사와 성가대원으로 봉사하며 그리스도를 따르기로 결심하셨다는 기록이 보입니다.

그리고 선생님께서는 군에서 퇴역하신 후에는 신학교를 나와서 목사가 되려는 뜻을 품고 계셨던 것 같습니다. 그러나 1958년도에 《가신(嘉信)》이라는 일본 무교회 계통의 신앙지를 만나신 후 신학교 진학의 꿈을 스스로 거두셨다고 하셨습니다.

《가신(嘉信)》은 문자 그대로 '아름다운 믿음, 기쁜 소식, 복음'이라는 뜻을 지니고 있는 순수 신앙 월간지입니다.

일본 동경제국대학총장을 두 번씩이나 역임하셨고, 김교신 선생님과도 교분이 깊으셨던 분으로, 식민지 경제정책 분야의 권위자인, 일본 최고의 지성 야나이하라 타다오(矢內原忠雄) 교수님이 그 책임자였습니다.

선생님의 신앙문집 1권 『믿음 그리고 사랑』에 수록되어 있는 「나의 무교회 신앙 40년」을 읽어보니, 선생님께서는 야나이하라 선생님을 비롯하여, 성서주석으로 유명한 구로자키(黑崎幸吉), 월간 《영원한 생명》의 마사이케 진(政池仁), 『깃발』의 후지사와 타케요시(藤澤武義), 『십자가의 말씀』 주필 타카하시(高橋三郎), 사토(左藤司郎) 와 같은 일본 무교회 진영의 저명한 분들과 현해탄(玄海灘)을 넘어 교제하시고, 박석현 선생님을 통하여 노평구 선생님이 펴내신 월간 《성서연구》 등을 알게 되어 마침내 평신도 독립 의료전도자의 길로 나서시게 되었다고 말씀하셨습니다.

선생님의 이와 같은 방향전환의 결과로 우리 무교회 진영으로써는 천군만마(千軍萬馬)를 얻게 되었다고 생각합니다.

저는 지난 해 5월 5일 선생님 6주기 추모예배를 드리기 위하여 생전 처음으로 복흥에 도착하여 선생님의 기념교회에 있는 서재에서 일본 독립학원의 한국어교사 사토(左藤司郎) 님이 보내주셨다는 『야나이하라 타다오 전집』 29권과 『성서주석』, 『마르크스주의와 기독교』, 그 밖의 많은 저술들과 신앙 잡지들을 발견하고, 선생님께서 저보다 훨씬 먼저 같은 믿음의 길을 걸어가신 것을 알게 되어 얼마나 반가웠는지 모릅니다.

혜인 선생님께서 경도되신 이 분의 전집에서 몇 군데를 주마간산(走馬看山) 식으로 인용해보겠습니다.

○ 우리들은 땅의 현실 속에서 살아가지만, 그러나 우리들을 참되게 살게 하는 것 — 우리들에게 생명이 있게 하며, 희망과 환희와 평안과 생명을 주는 것은 하늘의 현실이다.

하늘의 현실이 땅에 깃들이게 하는 것을 이상(理想)이라고 부른다. 우리들은 지상의 생활태도를 하늘의 현실에 입각하여 정한다. 이렇게 하여서만 우리들은 암흑의 경우에도 광명으로써 생활할 수 있다. 천적인 빛을 받고 비로소 우리들의 마음은 기쁘게 가슴을 설레며 그 위에 광활하게 되는 것이다.

(『전집』 제12권. 626쪽)

○ 믿음은 역사의 종국(終局)을 현재로 하고, 사물의 본체를 현실화는 힘이며, 이런 통찰력으로 사람은 이상(理想), 바꾸어 말하면 하나님의 거룩하신 뜻 안에 있는 이미 정해진 경

륜(經綸)을 알게 된다. 즉 믿음으로 하나님을 아는 것이다. ……

믿음은 공상이 아니며, 상상이 아니고. 이상(理想)의 현실적 인식이다. 그러므로 믿음은 사람의 세계관(世界觀), 인생관(人生觀)의 현실의 기초를 위한 것이다. ……

희망의 확실성의 근거는 어디에 있는가? 그것은 하나님께서 이미 실현해 두셨기 때문이다. 이와 같이 장래의 성취를 현재화하여 희망을 확신하는 힘, 이것이 믿음이다.

(『전집』 제15권. 96-97쪽)

○ …… 모든 사건에 때가 있으며, 정해진 때가 오기까지는 그것이 계속되지만, 때가 오면 끝난다. 때보다 빨리 빨리 끝나는 일이 없고, 때를 거쳐서 끝나지 않는 일이 없다. 때는 구절(區切)되어 있다. 즉 때는 유한하다. 아무리 길게 보여도 때는 반드시 종말이 오는 것이다.

그러나 모든 때는 하나님께서 주관하신다. 이것을 알 때, 우리들의 마음으로부터 초조가 사라진다. 악인의 발호는 반드시 끝날 때가 온다. 의인의 고난도 반드시 끝날 때가 온다. 때가 있기 때문에 기대할 수 없는 일은 없다.

(『전집』 제9권. 664-665쪽)

○ …… 우리들이 현실문제에 신경을 몰두해 있는 상태에서는 하나님 나라의 경륜에서 우리들이 놓여 있는 위치를 알 수 없고, 앞길의 도달점도 아직 명확히 할 수 없다. 그렇기 때문에 쓸데없이 초조해 하고 고민할 뿐이며, 도저히 고난을 벗어날 길을 발견할 수 없는 것이다.

……

우리들이 지상에서 당면하는 문제는 하늘에서는 원리적으로 해결된 문제이다. 바꾸어 말하면, 우리들은 하늘에서 이미 해결된 문제만을 문제로 부여받은 것이며, 그렇기 때문에 우리들은 믿음으로 말미암아 해결할 수 있는 문제를 갖고 있는 것이다. …… 현실의 생애 혹은 역사의 도달점은 하나님의 경륜의 출발점에서 이미 획득되어져 있다. 우리들은 그리스도로 말미암아 이미 승리를 얻은 싸움을 싸우는 것이므로, 결코 승패를 알 수 없는 싸움에 종사하고 있는 것이 아니다.

이와 같은 사실의 신앙에 의한 인식이 기독자의 전투력이며, ……

(『전집』 제9권. 493쪽)

○ …… 하나님나라는 내세(來世)의 희망이지만, 그것 때문

에 현실적으로 알맹이가 없는 존재라는 의미는 아니다. 내세가 단지 현세(現世)의 시간적인 계속이 아니라, 현세를 지배하고, 지도하며, 바탕이 되는 영원한 생활원리다.

하나님나라는 마지막 날에 이르러 완전하게 지상에서 성취되는 것이지만, 천국(天國)에서는 세상을 창조하기 전부터 이미 존재하며, 더욱이 현세에서도 잠재적으로 실현되며, 부분적으로 실현 되어 오고 있다. "슬퍼하는 사람은 위로(慰勞)를 받을 것이다."고 한다. 위로의 완전한 성취는 내세에서 주어지지만, 그것은 현세에서 이미 이와 동질(同質)의 위로를 받는 것이다. 하나님나라의 위로는 영원하다. 따라서 내세에도 있고, 현세에도 존재한다. 하나님나라는 내세적이기 때문에 가장 확실한 현세의 위로인 것이다.

(『전집』 제6권. 348쪽)

저 역시 선생님처럼 무교회가 아닌 대한예수교장로회 통합측 출신입니다.

저는 중3 여름방학 때인 1968년 8월에 이웃마을에 있는 교회에서 연극을 한다는 소식을 듣고 처음 교회에 갔는데, 사실은 연극을 하는 게 아니라 초등학교 학생들을 대상으로 하는 여름성경학교였습니다.

여기서 저는 나흘 동안의 여름성경학교 과정을 마치고 예수 그리스도를 구주로 영접하게 되었습니다.

그 때의 주제말씀이 "주 예수를 믿어라, 그리하면 너와 네 집이 구원을 얻으리라!"는 사도행전 16장 31절 말씀 이었는데 이 말씀은 지금도 제가 가장 애송하는 말씀입니다.

언젠가 선생님의 애제자이신 임중기 형제님과 대화를 나눈 적이 있는데, 아직도 불신의 늪에 빠져 있는 가족들을 생각하면 너무도 마음이 아프다는 제 이야기를 들으신 임중기 형제님이 뜻밖에도 사도행전 16장 31절의 말씀을 가지고 제게 말씀해주시더군요.

"걱정할 것 없어요. 하나님께서 주 예수를 믿으면 너와 네 집을 구원하시리라고 말씀하셨기 때문에, 최 선생님이 이미 예수님을 믿으니 가족분들도 모두 구원에 동참하실 것입니다."

저는 이 말씀으로 얼마나 많은 위로를 받았는지 모릅니다.

저는 입신(入信)한 이듬해에 주일학교 교사를 하였고, 공군에 입대하기 전인 1972년에는 총각집사가 되었으며, 공군 김해기지교회에서는 1976년도에 신우회장을 역임하였고, 군 생활 틈틈이 포항 상대교회에서 중고등학생을 지도하는 등 그야말로 교회밖에 모르는 사람이었습니다.

집 사람이 하도 말리는 통에 결국 포기했지만, 저도 한때는 선생님처럼 목사가 되려고 공군본부에 근무할 때인 1978년에는 현재의 칼빈신학대학교의 전신인 칼빈신학교 신학과에 입학한 적이 있습니다.

저는 무교회 신앙에 정식으로 발을 들여놓기 전인 1972년경에 《신앙계》라는 순복음교회 발행의 월간지에서, 감리교단 출신의 털보 목사 이현주님의 「다시 김교신이 그리워지는 시절」이라는 글을 감명 깊게 읽은 적이 있었지만, 그 당시는 시골이어서 무교회에 대한 별다른 참고자료를 얻지 못하여 김교신 선생님을 잊고 살았습니다.

그러던 가운데 결정적인 계기가 마련되었습니다. 어린 시절 어머니를 따라 5일장인 성산시장으로 갔다가 노점책방에서 학원장학회가 발행한 알렉산드 뒤마의 『삼총사』를 사서 읽은 후부터 독서에 취미를 가지게 된 후 손에서 책을 뗀 일이 별로 없을 정도로 책을 유난히 좋아하는 터라, 1970년대 후반부터 서울 종로서적을 출입하면서 잡지 코너에 전시되어 있던 노평구 선생님의 《성서연구》라는 20여 페이지 분량의, 아무 장식도 없는 무교회 신앙잡지를 보게 되었는데, 이 잡지에서 국희종 선생님과 복흥을 처음으로 알게 되었습니다.

이후 저는 우찌무라 칸조 선생님의 『나는 어떻게 기독교인이 되었는가?』, 『기독교신도의 위로』, 『구안록』, 『소감』, 『기독교문답』, 『종교좌담』 등과 야나이하라 선생님의 『마르크스주의와 기독교』 등 일본 무교회 계통의 신앙서적을 열심히 탐독하게 되었습니다.

특히 독일 마인츠대학 신학부에서 종교개혁자 마르틴 루터를 전공한 다카하시 사부로(高橋三郎) 박사님이 저술한 『무교회신앙의 탐구』라는 설우사에서 펴낸 책이 있는데, 어떤 종이로 만들었는지 책갈피에서 솔향기가 향긋하게 풍기는 이 책을 대여섯 번 이상 정독하고 나서 무교회의 본질에 대하여 일깨움을 받았습니다.

그리고 한국신학연구소에서 발행한 페스탈로치 전문가 고려대학교 김정환 교수님의 『김교신 평전』과 종로서적에서 복간한 『김교신 전집』, 혜문사 발행의 『우찌무라 성경주해전집』 등 수많은 책들을 독파하며, 김교신 선생님의 신앙과 삶에 온통 매료되어 저도 알지 못하는 사이에 저의 신앙은 무교회 신앙으로 점점 기울어져 갔습니다.

'성서를 조선 위에, 조선을 성서 위에!'라는 기치를 걸고 수도승처럼 고고하게 신앙생활을 하신 김교신 선생님을 저는 너무나 존경하고 있습니다.

그리고 혜인 선생님께서 김교신 선생님과 야나이하라 타다오 선생님을 비롯한 무교회 지도자들을 국적을 초월하여 사랑하신 것처럼, 어쩌면 이렇게 철저하게 선생님의 신앙행로를 따르고 있는지 제 스스로도 의아할 정도로 입니다.

이처럼 저는 혜인 국희종 선생님을 직접 대면한 적은 없지만, 위에서 말씀드린 세 가지 관점에서 선생님에게 큰 동질감(同質感)을 느끼게 되어, 선생님께서 야나이하라 선생님을 평생 흠모하셨던 것처럼 혜인 선생님의 신앙과 사상과 인격을 흠모하게 되었습니다.

그리하여 저는 혜인 선생님께서 생전에 그토록 아끼시고 사랑하셨던 한국무교회의 성지(聖地)인 순창군 복흥면 출신 믿음의 형제들이 주축이 된 신앙 결사체인 〈천우회(天友會)〉 서울 에클레시아의 일원으로 참여하여, 선생님의 위대한 신앙 인격의 발자취를 따라가고자 하는 마음 간절합니다.

아무쪼록 하늘나라에 먼저 가신 국희종 선생님께서 당신의 신앙의 발자취를 따르고 있는 우리 미약한 천우회 모임과, 꿈에도 잊지 못하실 사랑하시는 사모님을 위시한 유족 분들과 교우들, 제자들을 위하여 하늘에서 주 예수님께 기도해 주실 줄 믿고, 하늘나라에서 다시 반갑게 해후할 때까지 우리 남은 자들을 위하여 천상에서 하나님 아버지께 기도드려주시기를 바랍니다.

요한복음 1장 43-51절을 봉독해 올리며 참 이스라엘 사람 나다나엘 같이 온유하신 국희종 선생님을 마음 깊이 기리는 바입니다.

요한복음 1:43-51

이튿날 예수께서 갈릴리로 나가려 하시다가 빌립을 만나 이르되, 나를 좇으라 하시니, 빌립은 안드레와 베드로와 한 동네 벳세다 사람이라. 빌립이 나다나엘을 찾아 이르되, 모세가 율법에 기록하였고, 여러 선지자가 기록한 그이를 우리가 만났으니 요셉의 아들 나사렛 예수니라. 나다나엘이 가로되, 나사렛에서 무슨 선한 것이 날 수 있느냐? 빌립이 가로되, 와 보라 하니라. 예수께서 나다나엘이 자기에게 오는 것을 보시고 그를 가리켜 가라사대, 보라 이는 참 이스라엘 사람이라. 그 속에 간사한 것이 없도다. 나다나엘이 가로되, 어떻게 나를 아시나이까? 예수께서 대답하여 가라사대, 빌립이 너를 부르기 전에 네가 무화과나무 아래 있을 때에 보았노라. 나다나엘이 대답하되, 랍비여 당신은 이스라엘의 임금이로소이다. 예수께서 대답하여 가라사대, 내가 너를 무화과나무 아래서 보았다 하므로 믿느냐? 이보다 더 큰 일을 보리라. 또 가라사대, 진실로 진실로 너희에게 이르노니, 하늘이 열리고 하나님의 사자들이 인자 위에 오르락내리락하는 것을 보리라 하시니라.

경청해 주셔서 깊이 감사드립니다.

국 선생님을 추모하며 신앙으로 함께 했습니다

정인순(의사)

화창한 날씨, 수려한 자연경관 속에 파묻힌 복흥의 작은 예배당(만인의 쉼터)에서 50~60명이 국 선생님을 추모하며 신앙으로 함께 했습니다.

천우모임 분들을 거기서 뵈니 더욱 반가웠습니다.

임 선생님 부부와 아들내외는 전날부터 와 계셨고 저는 축가를 반주자와 맞춰보려고 사람들이 오기 전에 간다고 9시반경에 일찍 도착 했는데 벌써부터 와계신 한장희 선생님 부부가 반갑게 맞아 주셨습니다. 새벽 5시에 서울에서 출발 하셨다네요. 그리고 오영환 선생님, 최병주 선생님, 김명술 선생님, 이진영 선생님, 오랜만에 이혜정, 이혜신 선생님도 반가웠습니다.

이진영 선생님의 「오른 손이 하는 것을 왼손이 모르게」와 최병주 선생님의 「예수 그리스도를 향한 일편단심의 신앙」이라는 주제의 말씀들이 인상 깊었습니다. 그리고 김상수 목사님의 「진실된 신앙, 종교개혁을 하고 싶다」는 짤막한 말씀. 오영환 선생님의 「천우의 방주 역할」, 배명수 선생님의 「생활신앙, 가정 예배의 중요성 강조」들의 짧으나 귀중한 말씀들을 새겨들었습니다. 뒤편에 한 할머니(79세)의 신앙간증도 인상 깊었습니다.

복흥의 작은 예배당에서

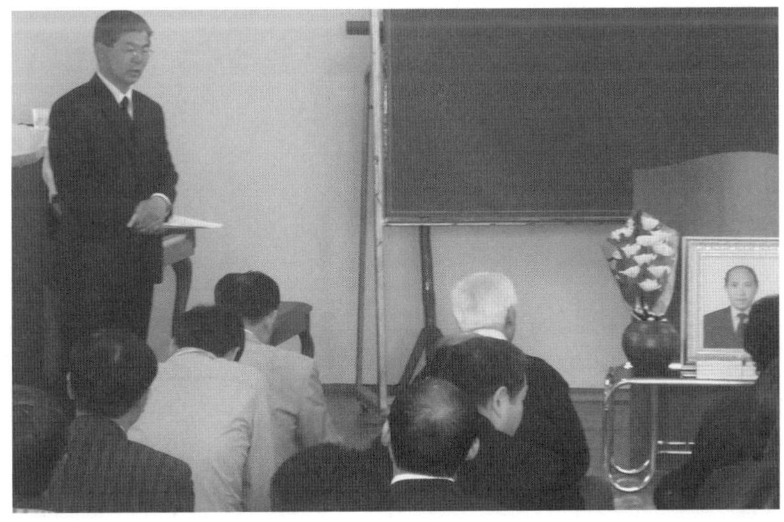

임중기 선생님의 사회

전준덕 선생님의 개회 기도

축가 '여호와는 나의 목자시니'(국 선생님 장남 국신동 선생께서 반주)

이진영 선생님의 말씀

최병주 선생님의 말씀

김상수 목사님의 말씀

오영환 선생님의 말씀

배명수 선생님의 말씀

의의 태양 예수 그리스도를 향한 일편단심의 신앙

8주기 기념일

최병주(평택시 공무원)

성경말씀 : 말라기 4:2

"내 이름을 경외하는 너희에게는 의로운 해가 떠올라서 치료하는 광선을 발하리니 너희가 나가서 외양간에서 나온 송아지 같이 뛰리라."

저는 오늘 국희종 선생님의 8주기를 추모하기 위해서 이 뜻 깊은 자리에 참석해 주신 존경하는 신앙동지 여러분들을 모시고「의의 태양 예수 그리스도를 향한 일편단심의 신앙」이란 제목으로 국희종 선생님의 위대한 신앙의 발자취를 함께 더듬어보고자 합니다.

1. 의의 태양이신 예수 그리스도를 닮아 달려가신 삶

잠시 고려 말기로 거슬러 올라가 보겠습니다. 이성계가 혁명을 일으켜 조선왕조를 개국하려고 할 때, 고려의 충신들을 어떻게 해서든지 자기 쪽으로 끌어 들이려고 획책합니다. 이성계의 셋째아들인 이방원은 고려 충신의 대표 격인 정몽주 선생을 회유할 목적으로 선생을 자기 집으로 초대하여 「하여가」라는 다음 시조로 정몽주의 속내를 타진해보았습니다.

이런들 어떠하리 저런들 어떠하리
만수산 드렁칡이 얽어진들 어떠하리
우리도 이같이 얽어져 백년까지 누리리라

그러나 정몽주 선생은 후세 사람들이 「단심가(丹心歌)」라고 부르는

이몸이 죽고 죽어 일백번 고쳐 죽어
백골이 진토되어 넋이라도 있고 없고
임 향한 일편단심이야 가실 줄이 있으랴

라는 이 시조로 이방원의 제의를 거절하고 조선 개국에 동참할 뜻이 없음을 명백히 하자, 결국 개성의 선죽교에서 이방원이 보낸 자객 조영규에게 피살당하게 됩니다.

그런데, 면사무소에서 호적계장을 6년 동안이나 지낸 저는 선생님의 성씨인 국(鞠)씨가 우리나라에서는 매우 보기 드문 성씨기 때문에 그 유례에 대해서 무척 궁금하던 차에, 선생님의 「내가 걸어온 길」을 읽고 난 후, 선생님의 선조분이 바로 시조의 지은이인 정몽주 선생과 깊은 관련이 있는 분이라는 사실을 알게 되었습니다.

국 선생님의 선조는 중국으로부터 이주해 오신 것으로 추정되는 전유성(田有成)이란 분으로, 고려 말기 공민왕 때 무반으로 벼슬길에 진출하였는데, 제주도 정벌 때 부사령관으로 출정하여 무공을 세우게 되어 공민왕으로부터 국경례(鞠敬禮)란 이름을 하사받은 분이었습니다.

국경례 선생은 그 후 이성계가 쿠데타를 일으켜 고려왕조가 망하자 충신불사이군(忠臣不事二君)의 신념을 갖고, 이성계 왕조에서 벼슬길에 오르지 않기로 맹약한 정몽주 선생을 비롯한 개경 두문동파 72사람 중 한 분으로, 조선 제3대 임금 태종 이방원에게 죽임을 당하자 세 아드님은 전라도 담양으로 피난해서 이씨조선의 벼슬길에 거의 나가지 않고 지내오셨다고 국 선생님이 증언하셨습니다.

국 선생님의 선조 국경례 선생과 정몽주 선생 두 분이 개성 두문동파에 속한 분들임을 감안하면, 위의 「단심가」는 정몽주 선생의 철학이기도 하지만, 국경례 선생의 철학이기도 하다고 저는 생각합니다.

비약(飛躍)인지는 몰라도 저는 선조인 국경례 선생의 임금에 대한 충절이, 후손인 국희종 선생님의 혈관 속에서 하나님과 우리 주 예수님에 대한 일편단심의 신앙충절로 면면히 이어져 내려오게 되었다고 확신합니다.

존경하는 믿음의 형제자매 여러분!

저는 '일편단심(一片丹心)'하면 늘 생각나는 꽃이 있습니다. 바로 해바라기입니다. 해바라기는 한자로 향일화(向日花)라고 합니다. 태양을 바라보며 피는 꽃이라는 뜻입니다.

해바라기의 꽃말은 기다림, 그리움, 숭배, 그리고 놀랍게도 신앙입니다.

해바라기는 원래 장일성 식물(長日性植物)이기 때문에 햇빛을 많이 받으면 받을수록 더욱 더 왕성하게 자라는 식물입니다.

『해동가요』로 유명한 조선의 가객(歌客) 김수장은 이렇게 노래하고 있습니다.

모란(牧丹)은 꽃 중의 왕이요, 해바라기는 충신(忠臣)이로다.
연꽃(蓮花)은 군자요, 살구꽃(杏花)은 소인이라.
국화(菊花)는 은일사(隱逸士)요, 매화(梅花) 한사(閑士)로다.
박꽃은 노인이요, 패랭이꽃(石竹花)은 소년이라.

접시꽃(葵花)은 무당이요, 해당화(海棠花)는 창기(娼妓)로다.
이 중에 배꽃(梨花)은 시인(詩人)이요,
홍도(紅桃) 벽도(碧桃) 삼색도(三色桃)는 풍류랑(風流郎)인가 하노라.

한편, 경북 김천에서 송설학원을 설립한 최송설당(崔松雪堂)이란 분이 계십니다. 이 분은 1855년 경북 금릉에서 아버지 최창환과 어머니 경주 정씨 사이에서 무남 3녀 중 장녀로 태어나, 고종임금의 보모로 지내다가 1939년 84세의 나이로 유명을 달리한 분입니다.

본관은 화순(和順)이고 대대로 평안도 선천에서 세거하였는데, 그의 증조부 대에 홍경래의 난을 만나 외가 쪽이 연루돼 증조부와 조부가 억울하게 죽고, 아버지가 전라도 고부로 피해 전전하다가 김천으로 옮겨와 정착했다고 합니다. 최송설당은 그야말로 자수성가의 모범입니다.

이 분은 그의 설득과 조언을 받아 당시의 32만 원이란 참으로 엄청난 돈을 김천고보를 짓는데 기부하였다고 합니다. 당시 쌀로 계산하면 3만여 가마(쌀 한 가마 약 13원)나 된다고 하는데, 현시가로 따지면 약 50억원 정도나 되는 막대한 금액입니다.

이렇게 장한 일이 전국적으로 소문이 났고, 1935년 여사가 죽기 4년 전 김천고보 운동장에 여사의 동상이 세워졌으며, 그 제막식에는 당시 쟁쟁한 명사인 송진우, 안재홍, 여운형 등이 참석했다고 합니다. 또한 1939년 6월 16일 84세를 일기로 서거한 최송설당의 장례식은 여인으로서는 일찍이 찾아볼 수 없는 참으로 장엄하고 성대하게 거행되었답니다.

이 분은 만해 한용운과도 친숙한 사이로, 참으로 머리가 좋고 덕이 많은 사람이었으며, 어려서부터 탁월한 기품과 비범한 재질로 한글과 한문을 수학해 교양을 닦고 문학적 소질을 키웠다고 합니다.

1922년 최송설당은 『송설당집』 3권을 펴냈는데 운양(雲陽) 김윤식(金允植)의 서문과 전 내무대신 남정철, 전 판서 윤용구의 글도 있는 것으로 보아 이 분의 사회적 위치를 짐작할 수 있겠습니다. 저는 이번에 이 분의 가사문집 29에 나오는 「향일화(向日花)」라는 제목의 노래를 발견하게 되었습니다.

해바라기(向日花)는 충신화(忠臣花)라, 키 크고 풍채도 늠름하구나.(軒昂)

내 마당에 심은 뜻을 그 누가 짐작(斟酌)하랴?

달과 같이 둥근 꽃이 해를 향해 기울이니,

아침에는 동쪽을 바라보고(向東), 저녁에는 서쪽을 향하여(向西),

한 때라도 잃지 않고, 충심 성의(忠心誠意) 지켜간다.

꽃잎마다 빛이 누르니, 중앙정색(中央正色=아무것도 섞이지 않은 순수한 바탕색) 이 아닌가?

임을 향한 일편단심(一片丹心) 잠시(수유須臾)라도 변할 소냐?

된서리와 찬바람(肅霜寒風소상한풍) 소슬(蕭瑟)한데 꽃과 잎이 변함없으니,

뒤뜰 눈 속 외로운 소나무(雪中孤松) 너야말로 참으로(的實) 내 벗인 듯.

저는 해바라기에 대한 위 두 분의 노랫말을 되새겨보고, 구구절절이 우리 국희종 선생님의 주 예수 그리스도를 향한 일편단심의 신앙생애를 너무도 잘 해석해주고 있다는 느낌을 결코 지울 수 없었습니다.

저는 국 선생님을 직접 뵌 적은 없지만, 신앙문집을 통해서, 또 서울 천우회의 박동래님, 임중기님, 김명술님과, 풀무학원 이사장이신 오영환 어르신의 말씀을 종합해보면, 일편단심의 태양이시며, 길이요, 진리요, 생명이신 주 예수 그리스도만 충직하게 바라보고 휴식 없이 행군하신 국희종 선생님이야말로 충신불사이군(忠臣不事二君)하는 해바라기의 특징을 가장 많이 지니신 분이 아닌가 하고 상상해봅니다.

본문 말씀을 잠시 봉독해드리겠습니다.

구약성경 말라기 4:2에 "내 이름을 경외하는 너희에게는 공의로운 해가 떠올라서 치료하는 광선을 비추리니, 너희가 나가서 외양간에서 나온 송아지같이 뛰리라."는 말씀이 있습니다.

이 본문말씀에서 '내 이름을 경외하는 너희'라는 말은, 신약시대의 신자들을 가리키며, 구약에서는 보통 신앙을 경외(敬畏)라는 말로 표현한다고 합니다.

또 '의로운 해가 떠올라서'라는 말은, 그리스도께서 오실 것을 가리키며, 신약성경 누가복음 1:78 말씀 "이는 우리 하나님의 긍휼을 인함이라. 이로써 돋는 해가 위로부터 우리에게 임하여…"의 뿌리가 되는 말씀입니다.

태양이 만물을 살리는 것처럼 그리스도께서는 만민을 구원하십니다. 이런 의미에서 본문은 그리스도의 구원 운동을 가리켜 "치료하는 광선"이라고 하였습니다.

'치료'라는 말은 구원을 가리킵니다.

에스겔서 47:12에 있는 "강 좌우 가에는 각종 먹을 과실나무가 자라서 그 잎이 시들지 아니하며, 열매가 끊이지 아니하고 달마다 새 열매를 맺으리니, 그 물이 성소를 통하여 나옴이라. 그 열매는 먹을 만하고 그 잎사귀는 약 재료가 되리라."는 말씀은 계시록 22:2에 나오는 생명나무를 의미합니다.

태양이신 그리스도께서는 암흑세계에 빛을 주기 위해서만 오신 것이 아니라, 병든 세상을 치료하기 위해서도 오셨습니다.

위대한 히브리어 학자 포코크(Pocock) 박사의 말에 의하면, 유대인들은 이런 격언을 가지고 있다고 합니다. '태양이 떠오르면, 질환이 줄어든다. 밤에 시들었던 꽃도 아침이 오면 소생한다. 그리스도는 위대한 의사다. 그러나 역시 위대한 의약도 되기 위해서 오셨다. 그는 길르앗의 유향(乳香=성서시대의 향료와 약제이며 시체 방부처리제)이요 의사이시다. 그가 지상에 계실 때, 태양처럼, 의로운 일을 하기 위해서 세상을 순회하셨다. 그는 각종 병든 자들을 고쳐 주셨다. 그가 태양처럼, 모든 것을 치료하셨다.'

'외양간에서 나온 송아지 같이 뛰리라.'는 말씀은, 신자들이 구원의 즐거움으로 인하여 극도로 기뻐할 것을 비유합니다.

국희종 선생님께서는 누구보다도 의의 태양이신 우리 주 예수 그리스도의 빛을 많이 받으신 분이라고 생각합니다. 또 주께서 의사인 선생님에게 치료하는 광선을 주셨으니, 선생님으로부터 치료받은 모든 환자들에게 이 치료의 광선이 전달되어 그들의 영육 간에 아픔을 많이 덜어주신 게 아닌가 싶습니다. 그리고 선생님의 진리를 향한 열정적인 삶이야말로 강렬한 햇빛을 듬뿍 받아서 커다랗게 꽃을 피우고 많은 열매를 맺은 거대한 해바라기 같은 존재가 아니셨나 싶습니다.

2. 선생님의 발 -위대한 족적, 고난의 신앙역정

존경하는 믿음의 부형, 그리고 형제자매 여러분! 잠시 이 그림을 좀 보아주십시오. 이 그림은 독일 화가 뒤러의 <기도하는 손>이란 작품입니다. 이 작품에는 유명한 일화(逸話)가 있습니다.

유명한 화가가 되는 것이 꿈이었던 뒤러는 그림 공부를 위해 고향을 떠나서, 도시로 갔는데, 그 곳에서 역시 화가의 꿈을 가진 한스를 만나 함께 하숙을 하며 둘은 절친한 친구가 되었습니다.

두 사람은 매우 가난하여 돈벌이를 하면서 그림을 배워야 했기에 제대로 그림 공부를 할 수가 없었습니다.

그러자 한스는 이렇게 말했습니다. "뒤러야, 네가 먼저 그림을 배워라. 내가 돈을 벌어서 너를 돕겠다. 나중에 네가 성공해서 그림이 잘 팔리면 나는 그때 그림 공부를 하도록 할게."

뒤러는 그럴 수 없다고 거절했지만, 한스는 진심으로 권했고, 뒤러는 그림 공부에만 전념했습니다. 한스는 고생고생을 해가며 돈을 벌어서 뒤러의 학비를 댔습니다. 공부에 전념한 뒤러가 학교를 마칠 때쯤, 그의 그림이 팔리기 시작했습니다. 이제 뒤러가 한스를 위해 뒷바라지를 할 차례였습니다.

연락 없이 한스를 찾아간 뒤러는 한스가 두 손을 모으고 기도하는 것을 보게 되었습니다.

"하나님, 제 친구 뒤러가 공부를 마치고 그림이 팔리는 화가

가 되게 해주신 것을 감사드립니다. 저의 손은 노동으로 마디가 뒤틀려버려서, 더 이상 그림을 그릴 수 없지만, 뒤러는 앞으로도 유명한 화가가 되게 해주세요."

한스의 기도에 뒤러는 눈물을 흘리며 감명을 받았습니다. 뒤러는 노동으로 마디가 뒤틀렸지만 자신을 위하여 하나님 앞에 모아진 한스의 손을 그리기 시작했습니다. 세계적으로 유명한 〈기도하는 손〉이 바로 친구를 위해 자신을 희생한 한스의 손입니다.

알브레히트 뒤러 〈기도하는 손〉

여러분께서 이미 잘 알고 계시리라고 믿으면서도 굳이 뒤러의 〈기도하는 손〉에 대해서 새삼스럽게 예화를 인용하여 말씀드린 의도는 한스의 〈기도하는 손〉에 버금가는 우리 국희종 선생님의 '기도하는 발'에 초점을 맞추기 위해서입니다.

저는 선생님의 발을 생각하면 절로 마음이 숙연해집니다. 선생님의 발은 기도하는 발입니다. 아니 기도 그 자체입니다.

복음을 전하는 위대한 발입니다. 아니, 복음 그 자체입니다. 선생님의 발은 방안에 가부좌를 틀고 가만히 앉아 있는 양반의 발이 아니라 삶의 현장으로 깊숙이 뛰어드는 행동하는 발입니다.

한스의 기도하는 손도 우리에게 신앙적으로 크나큰 유익을 주지만, 지금 여기에 계시는 우리 믿음의 형제자매 여러분에게는 국희종 선생님의 발은 한스의 손보다 더 생생한 감동으로 우리에게 다가오는 발이라고 저는 생각합니다.

왜냐하면 한스의 손은 친구인 뒤러 한 사람만을 위하여 일한 손인 반면에 국 선생님의 발은 만인의 구원을 위하여 휴식 없는 고난의 행군을 해오신 고귀한 복음전도의 발이기 때문입니다.

국 선생님의 발에 대하여 두 자제분의 표현을 읽으면 선생님의 발이 얼마나 고귀한 발인가를 새삼 느끼지 않을 수 없습니다. 큰 아드님인 신동씨의 증언을 보겠습니다.

“…산소 마스크를 쓰고 누워계신 아버지의 발을 주물러드리면서 얼마나 아버지가 자랑스러웠는지! 아버지의 신앙생활만큼이나 두꺼운 각질로 덮인 두 발, 허리께까지 오는 눈 속에도 백리 길을 환자의 진료와 복음전파를 위해서 마다하지 않고 걸으셨기 때문에, 지병인 심장병까지 얻으셨지 않았던가!…”

그리고 둘째 아드님 신욱씨는 이렇게 증언합니다.

"…아버지는 항상 자기 자신을 위하기보다는 어려운 이들의 발을 씻어주시고, 말로만 하기보다 먼저 발로 실천하시는 분이셨습니다. 그 모습은 아버지의 발에 잘 나타나 있습니다. 너무 많이 걸으셔서 발바닥이 보통 사람의 두 배나 두꺼웠고, 많은 기도시간을 보내셔서 발등은 검게 퇴색하셨습니다. 심장의 기능이 약해지면서 발끝까지 피가 전달이 안 되어 굳어지는 아버지의 발을 주무르다 보면 당신의 삶이 몸으로 느껴지곤 했습니다.…"

신욱씨가 대학교 입학시험을 하루 앞두고 저녁이 되어 선생님과 함께 누웠는데, 굳은살 박힌 선생님의 발이 이불에 부딪히며 버스럭거리는 소리가 나자, 아드님이 신경쓸까봐 주무시는 척 하시면서 안 보이는 곳에서 자식에 대한 사랑을 무언으로 보여주셨다고 술회하고 있는 신욱씨의 선생님에 대한 추모의 글을 읽고 나서, 저는 선생님의 너무도 인간적인 모습을 선명하게 보고, 듣고 또 만져보고 느꼈습니다.

그렇습니다. 마음만 먹는다면 얼마든지 부귀영화를 누리며 잘 살 수 있는 조건을 구비하신 국 선생님께서는 그리스도를 위하여 그 모든 재주와 세속적인 욕심을 분토(糞土)같이 던져버리시고, 가족들의 반대마저 돌아보지 않으시며, 오지 중의 오지(奧地)였던 순창군 복흥면 땅에 오셔서 병든 사람, 가난한 사람, 주리고 목마른 사람들의 친구가 되셨습니다.

선생님의 발은 하나님이 칭찬하시는 아름다운 발입니다. 내장산 굽이굽이보다 더 가파르고 험난한 길을 예수 그리스도의 복음전파를 위하여 자청하여 걸어가셨던 충직한 선생님의 발입니다. 사도 바울도 그토록 소원했던 발걸음입니다.

로마서 10:14-15을 받들어 읽겠습니다.

"그런즉 저희가 믿지 아니하는 이를 어찌 부르리요, 듣지도 못한 이를 어찌 믿으리요, 전파하는 자가 없이 어찌 들으리요, 보내심을 받지 아니하였으면 어찌 전파하리요. 기록된 바, 아름답도다. 좋은 소식을 전하는 발이여 함과 같도다."

또 이사야서 52:7에는, "좋은 소식을 가져오며, 평화를 공포하며 복된 좋은 소식을 가져오며, 구원을 공포하며, 시온을 향하여 이르기를 네 하나님이 통치하신다 하는 자의 산을 넘는 발이 어찌 그리 아름다운고."라고 기록되어 있습니다.

무엇이 아름답다는 것입니까? 좋은 소식을 전하는 발걸음이기 때문입니다.

바벨론 포로생활이 끝난다는 좋은 소식입니다.

애굽에서 피난 생활하던 자들도, 앗수르에서 억압당하던 자들도, 모두 다 시온 산 예루살렘으로 돌아오게 되었다는 것입니다.

이렇듯 기쁘고 좋은 소식을 어서 빨리 전해 주기 위해서 험한 산을 단숨에 넘는 발걸음이기 때문이라는 것입니다.

이 말씀에 비추어볼 때, 우리 국 선생님의 발이야말로 순창 복홍 땅에 만민구원의 복된 좋은 소식을 전하기 위해서 산을 넘고 또 넘으신 참으로 아름다운 발이 아닐 수 없습니다.

이 아름다운 선생님의 굳은살 투성이 발을 꼭 한번 어루만져 보며, 또 씻겨드렸으면 하고 소원해 봅니다. 하늘나라에서 이 소망이 실현될 수 있기를 감히 기대해 보고 싶습니다.

이제 저는 한 평생을 오직 일편단심으로 의의 태양이신 예수 그리스도를 좇아서, 이름 없이 빛도 없이 의료선교의 외길을 성실히 걸어가신 예수 그리스도의 만고의 충신인 우리 국희종 선생님의 고난에 찬 생애를 돌이켜보며, 선생님께서 지난 1998년 제헌절에 사랑하는 가족들과 제자분들에게 남기신 유언의 말씀으로 부족한 말씀을 마치기로 하겠습니다.

"내가 주 예수께로 가면 그 곳에서 여러분들을 지켜보면서 기도할 것입니다. 주의 재림이 날로 가까워오고 있는 세대에, 사탄의 공격도 거세니까 신앙에 굳게 서서 영의 싸움에 임하지 않아서는 안 될 것입니다."

고려대학교 화학과 김용준 명예교수는 『내가 본 함석헌』에서, "함석헌은 『뜻으로 본 한국 역사』의 말미에 있는 「고난의 의미」에서 다음과 같이 인용하였습니다.

고난은 결코 정의(情意)없는 자연현상이 아니다. 잔혹한 운명의 장난도 아니다. 그것은 하나님의 섭리다. 인도의 위대한 혼 간디가 성스러이 말한 것 같이 "고난은 생명의 한 원리다. 우리는 고난 없는 세상을 상상할 수 없다. 죽음은 삶의 한 끝이요, 병은 몸의 한 부분이다. 십자가의 길이 생명의 길이다…" 그는 1931년 7월《聖書朝鮮》지 제 30호 (전집 11:152) 「시편 제 44장의 연구」에서 이미 〈고난의 의미〉를 새기고 있었습니다. "우리가 주를 인하여 종일 죽임을 당하고 우리가 잡혀 죽을 양과 같이 헤아림을 받았도다" (시편 44편 22절)를 읽고 "주를 인하여"라고 고난의 원인을 깨닫는다. 고난의 원인은 주에게 있는 것입니다.

여기서 우리는 자기의 전부를 들어 여호와의 군문(軍門)에 항복하는 절대 항복의 믿음에서 고난의 의미를 찾은 함석헌의 참 모습을 볼 수 있는 것이다."

말년에 주시는 사랑의 고난의 채찍을 하나님의 은혜로 믿고 감사 드립니다.

선생님의 발

이현석(수원 장안구 수정교회 목사)

시편119:105

주의 말씀은 내 발의 등불이요, 내 길의 빛입니다. 어두운 골짜기에 주의 복음의 횃불을 높이 드신 선생님은 이처럼 자신을 돌보지 않으시고, 너무도 심신을 혹사하신 나머지 결국 1971년 2월 20일에는 심근경색이 발작하여 평생 동안 따라다니며 선생님을 괴롭혔고, 또 환갑 이후에는 신장결석으로 인한 요로결석 제거를 위하여 3차례나 수술을 받으시고, 초음파로 요로결석 분쇄치료도 2차례 받으셨던 것입니다.

더구나 1994년 11월에 매제 되는 분의 권유로 전주의 검진기관에서 일하면서, 1995년 여름에는 강원도 산간지역인 영월, 정선, 평창지역과 전북 무주군 전 지역의 검진과 진료를 무리하게 강행하다가 지병인 심장병이 악화되어 수차에 걸쳐 병원에서 입원생활을 하셨습니다.

과연 선생님께서는 로마서 7장의 곤고에서 8장의 기쁨과 소망에 넘친 삶을 살다가 아버지 품으로 가셔서 지금은 우리 남은 사람들을 위하여 기도해주시는 줄 압니다.

이제 선생님의 믿음으로 일관하신 삶의 특징에 대해서 잠깐 분석해보고자 합니다.

하나님나라를 기다리며 끝없이 인내하셨습니다.

빌3:20-21, 그러나 우리의 시민권은 하늘에 있는지라 거기로부터 구원하는 자 곧 주 예수 그리스도를 기다리노니, 그는 만물을 자기에게 복종하게 하실 수 있는 자의 역사로 우리의 낮은 몸을 자기 영광의 몸의 형체와 같이 변하게 하시리라.

선생님은 해바라기가 태양을 바라보며 따라가듯이, 천진난만한 어린 아이같은 심령으로 주님을 기다리고 기다리셨습니다. 기다림은 곧 소망입니다. 그리움입니다. 믿음입니다.

빌3:20-21, 그러나 우리의 시민권은 하늘에 있는지라 거기로부터 구원하는 자 곧 주 예수 그리스도를 기다리노니, 그는 만물을 자기에게 복종하게 하실 수 있는 자의 역사로 우리의 낮은 몸을 자기 영광의 몸의 형체와 같이 변하게 하시리라. 시편

로마서 10:17, 믿음은 들음에서 나며 들음은 그리스도의 말씀으로 말미암았느니라.

"인류가 발전하기 위해서는 후대가 선대보다 나아야 한다"

국신욱(국희종 선생님 둘째 아들)

지금으로부터 30여 년 전인 1993년 군대입영을 앞둔 무렵, 모처럼 아버지와 집 근처 탁구장에 가서 탁구를 쳤습니다. 20대 초반의 한창 나이의 젊은 아들이 60대 후반의 아버지에게 2:3으로 졌습니다. 아버지는 탁구장을 나오면서 저에게 "인류가 발전하기 위해서는 후대가 선대보다 나아야 하고 아들이 아버지보다 나아야 한다. 그리고 이것은 탁구 뿐만 아니라 학문, 신앙 등 모든 것에 해당한다." 라고 말씀을 하셨습니다.

그로부터 많은 시간이 흘렀습니다. 공자님께서 말씀하신 하늘의 뜻을 아는 나이[知天命]인 50살을 목전에 둔 나이가 되었습니다. 아버지 말씀을 되새겨 보면서 지금까지 무엇을 했나 생각해봅니다. 아버지는 젊은 시절 나환자촌인 여수 애양원과 무의촌 지역인 순창, 고창 등 어렵고 힘들고 소외된 이들이 많은 곳을 돌아다니시면서 복음 전파와 의료 활동을 병행하셨습니다. 어머니 말씀을 들어보면 이사를 다니실 때 가족 모두의 살림이 알루미늄 상자 하나가 전부였다고 합니다. 예수님이 제자들과 같이 다니실 때 옷 한 벌과 신발 한 켤레로만으로 온 유대지방을 돌아다니신 성경말씀이 생각납니다.

아버지와 저의 삶을 비교해보면 더욱 부끄러워집니다. 가지신 것을 몸소 나누시고, 복음을 널리 전파하는 아버지였던 반면에 아들은 아버지를 뛰어넘는 것은 생각지도 않고 발끝 언저리에도 못 미치는 삶을 살고 있는 것 같습니다.

마태복음 제25장 제14절에서 제30절의 말씀이 떠오릅니다. 주인은 먼 곳을 떠나면서 그 종들에게 재능대로 각각 금 10달란트, 금 5달란트, 금 2달란트, 금 1달란트를 주고 떠났습니다. 주인이 다시 돌아와서 달란트를 활용하여 많은 이익을 번 종에게는 큰 칭찬과 보상을 주지만 그대로 가지고 있던 종에게는 있는 것 까지 빼앗습니다. 1달란트는 34Kg에 달하는 많은 양이기도 하면서도 탤런트(Talent)라는 능력을 뜻하기도 하는 단어입니다.

아버지는 하나님에게 많은 능력(달란트)을 받으셨고 받은 달란트를 훌륭히 활용하셔서 보이는 세상의 재물이 아니라 보이지 않은 하늘의 재물을 많이 축적하신 반면 저는 하나님께 받은 1달란트를 묵혀두고 있는 "악하고 게으른 종"에 비교되어 부끄럽기까지 합니다.

제가 6~7살 무렵, 아버지를 제외한 가족은 모두 광주로 이사를 하고 아버지만 복흥에 남아서 복음과 의료를 하셨습니다. 아버지는 매주 토요일이면 광주에 오셨다가 일요일에는 다시 복흥으로 가셨습니다. 아버지가 오시기 전이면 4형제가 빗자루를 들고 아버지에게 잘 보이기 위해 동네 입구부터 집까지 모든 길을 청소하였습니다.

아버지가 세상에 계실 때 이루신 공로와 성과를 보면 저희가 아버지를 뛰어넘어 인류의 발전에 이바지하는 사람이 되는 건 불가능 한 것 같습니다. 다만 골목길을 청소하듯 아버지에게 잘 보이기 위해서 자기 위치에서 노력을 하고 기도를 한다면 "악하고 게으른 종"보다는 미세하지만 조금은 낫지 않을까 생각합니다.

아버지가 본향에 가신지 21년이 지났습니다. 나이 차이가 많이 난 어머니는 아버지가 돌아가신 나이와 엇비슷해졌고, 1998년과 1999년에 태어난 손녀·손자는 벌써 대학교 졸업반이 되었습니다. 그리고 처음 추모집회에 오셨던 분들도 하나님의 본향으로 가신 분도 있고, 연로하여 복흥까지 오시지 못하시는 분들도 많으십니다. 또한 복흥까지 오시지는 못하였지만 마음 속으로 추모해 주시는 분도 많으신 걸로 알고 있습니다. 모든 분들게 감사 드립니다.

아버지가 돌아가시기 전 저에게 하신 말씀으로 부족한 글을 마무리 하려고 합니다.

"이제는 나도 하늘로 가야할 때가 된 것 같다. 너희도 나를 위해 기도해 달라. 나도 어디에 있든지 여기 남아있는 사람들을 위해 기도하겠다."

내가 본 선생님

김순애

슈바이처 박사님보다 훨씬 훌륭하신 분이셨습니다. 자상하시고 온유하시고 다정다감하시며 평안함이 배어 있는 멋진 분이셨죠! 선생님의 살아생전의 행적을 다 볼수 있는 기회가 있다는데 대해 감탄합니다. 선배님들의 수고와 땀으로 만들어진 귀한 책을 소장할 수 있다는데 대해서도 영광이구요. 내가 아버지처럼 함께 지냈던 선생님이 그렇게나 훌륭하셨다는 것을 이제야 알았습니다. 떠나시고 난 뒤 이제야 알게 되어 매우 아쉽고 안타깝습니다. 생전에 뵈었으면 정말 좋아하셨을 것을…. 그 친근하신 목소리로 순애야 왔니? 귀에 들리는 듯합니다. 아주 가끔은 선생님 생각을 하면서 살아왔었는데 벌써 가실 줄이야.

아주 어렸을 적 고모님을 따라 새벽 눈길을 걸어서 예배드리러 가던 일이 생각납니다. 그때만 해도 시계가 없다보니 자다 깨이면 시간 관계없이 갔을 거예요. 또 고모님이 숨을 잘 못쉬는

질병이 있었어요. 자녀가 없는 고모님을 동네 정순이 아버지께서 새벽이건 밤중이건 업고 달리던 일. 그때마다 돌아가시면 어쩌나 안절부절 울면서 5리 길을 함께 따라 갔어요. 선생님은 주무시다 말고 항상 반겨주시고 금방 응급처치를 하곤하셨죠! 그러면 한참 후엔 언제 그랬냐는 듯이 숨을 잘 쉬며 올 때는 걸어서 집으로 돌아오곤 했어요. 언젠가는 혜인의원에 간 적이 있었는데 환자들 열댓 명이 쭈욱 줄을 섰을 때 중년쯤 되어 보이는 아주머니 한 분이 금방 숨이 넘어가면서 줄을 것 같았어요. 동태 목부분의 삼각으로 된 큰 가시가 목에 콕 박혀 숨도 잘 못 쉬더군요. 한참 후에 선생님 방에서 나온 그 분이 살아나는걸 보았어요. 그때 얼마나 기뻐하며 안도의 숨을 쉬던지 저도 함께 안도의 숨을 쉬었지요. 정말 끔찍하고 위험한 순간…아차하면 죽을지도 모르는 그 현장을 보면서 대단하시다는걸 느꼈었지요.

선생님의 풍금에 맞춰 열심히 찬송을 부르기도 하고 성탄절이 오면 고요한 밤 거룩한 밤 율동을 연습하느라 동서리의 공동묘지를 지나 오가면서 옆에서 뺨을 쳐도 모를 만큼 깜깜한 밤에 무서워 떨며 넷이서 손 꼭 붙잡고 다니던 일. 예수사랑하심은…울어도 못하네…눈을 감아도 가사가 훤히 보이는…

1. 천지가 진동하며 햇빛 흐리고 공중에 부는 바람까지 처량해
갈보리 산상에 하나님 아들 십자가에 달려서 돌아가셨네

2. 삼십삼 년 동안을 세상에 계셔 벙어리와 소경과 빈천한 사람
불쌍히 여기시던 주가 오늘날 이 고난을 당함은 무슨 연고뇨

3. 두 손과 두발에 쇠못을 박고 머리에 가시 면류관을 쓰셨네
세계상 모든 죄인 심판 당할 죄 구원해 주시려고 돌아가셨네

4. 못 박히는 앞에서 우는 모친을 사랑하던 제자께 부탁하셨네

얼마 전까지만 해도 9절까지 부르고 다녔었는데 이제는 다 잊어버리고 말았네요. 그때 주신 말씀. '나는 세상의 빛이니 나를 따르는 자는 어두움에 다니지 아니하고 생명의 빛을 얻으리라.' 요한복음 8장 12절을 지표로 삼고 내 앞길을 하나님께 맡기며 지금도 난 기도합니다. 선생님이 세상에 빛이 되셨듯이 나도 세상에 빛된 생활을 꿈꾸며…. 추억을 더듬다보니 선생님이 곁에 계신 것처럼 가슴이 따뜻해 옴을 느낍니다.

아버지 같은 분... 친구의 형부이신 형부 같은 분... 큰오빠 같은 분…. 성함 석자만 들어도 가슴 뛰어지는 분…. 선생님! 오늘밤은 선생님이 더욱 그립습니다. 선생님의 제자로서 부끄럽지 않는 삶을 살아가기를 원합니다. 한때나마 선생님의 제자였었고 함께 지냈던 어린 시절이 있었기에 지금의 내가

있지 않나 생각되고 자부심과 긍지를 가져봅니다. 선생님 정말 보고 싶습니다. 선생님의 사진과 책을 소장한 것만으로도 충분히 함께 있음을 느낍니다

국희종 선생님, 안녕하세요?

김순애

저 왔어요. 이 순애가 온 것 다 보셨지요? 사모님과 포옹 한 것도 다 아시지요? 너무 반가워 한참이나 껴안고 울었네요.

선생님을 꼭 닮은 신동, 신영, 신욱, 신철. 갓난아이 때 보았는데 오랜 시간이 흘러 다 결혼해서 식구들이 대가족이 되어 있네요. 둘째와 막내는 더 많이 닮아있어 선생님을 뵙는 것 같았답니다. 며느리들도 다 착하고 예쁜거 같구요. 신영이 신랑도 아주 멋지고 든든하게 생겼고 손주들이 다 잘 생기고 깜찍하고 예뻤어요.

막내네 꼬마아이는 저랑 다정하게 손잡고 나란히 걸어 다녔어요. 취나물을 좋아한다며 같이 뜯기도 하고 처음인데도 낯설어 하지 않고 잘 따라 아주 귀여웠어요. 훌륭하신 선생님 동생분도 뵈었구요. 갑기오빠 영희언니 순덕이 또 위에 언니 모두모두 반가웠어요.

복홍에서 자란 선배님들도 참 많이 오셨네요. 선생님, 너무 오랫만에 찾아와 정말 죄송합니다. 제가 늦게 온 이유는 다

아시죠? 생전에 찾아왔으면 얼마나 좋았을까요! 빙그레 웃으시는 선생님 모습이 눈에 선해요.

한자 한자 정성 담아 친필로 쓰신 창호지의 정겨운 찬송가 책... 한장 한장 넘기면서 오르간 치며 가르쳐주시던 그 책을 오늘 넘겨보고 만져 보았어요. 40년도 훨씬 넘었지요.

생전에 인자하고 차별없이 베푸셨던 그 사랑에 선생님의 제자 저의 선배님들이 다 본을 받아 훌륭하시네요. 이렇게 많은 분들을 키워내셨으니 얼마나 좋으세요. 이 귀한 자리에 앉게 되어 영광입니다. 여러 어르신들과 선배님들께 감사할 뿐입니다.

올해도 이렇게 선배님들의 진심어린 사랑과 수고로 『말씀의 향기』가 또 새로 나왔네요? 너무너무 귀하고 값진 보물이 있어 행복합니다. 선생님 생전의 그때를 회상하며 한 마음 한 뜻이 되어 선생님을 기리는 이 예배시간 숙연해지며 얼마나 좋은지 몰라요. 선생님이 치시던 오르간 자리에는 신동이가 똑 같은 모습으로 피아노를 치고 있네요. 온유하고 겸손한 성품들을 꼭 닮아 있는 듯했습니다.

오늘 전해주는 말씀은「나의 소원은 평화」어쩌면 저의 닉네임과 똑같아요? 저의 소원이 '꿈꾸는 평화'입니다. 사모님 옆에 앉아서... 제가 좋아하는 찬송가를 목청껏 불렀어요. 선생님을 닮았는지 저도 노래를 참 좋아합니다

♬♪ 내 맘에 한 노래있어 나 즐겁게 늘 부르네
이 노래를 부를 때에 큰 평화 임하도다
평화 평화 하나님 주신 선물 오 크고 놀라운 평화 하나님 선물일세
이 평화를 얻으려고 주 앞으로 나아갈 때
주 예수님 우리에게 이 평화 주리로다
평화 평화 하나님 주신 선물 오 크고 놀라운 평화 하나님 선물이죠! ♬♪

♬♪ 꽃과 같이 곱게 나비같이 춤추며
아름답게 크는 우리 무럭무럭 자라서
이 동산을 꾸미면 웃음의 꽃 피어나리 ♬♪

어디서 많이 듣던 노래죠? 선생님이 가르쳐 주셨던…선생님과 함께 재미있게 불렀던…지금도 가끔이면 제가 늘 부르는 노래예요? 무럭무럭 자라야 되는데 아직도 이렇게 쬐끄맣습니다. 선생님이 생각나 오늘도 울면서 이 노래를 불러봅니다. 다시 만날 그날까지 편안히 계세요…

하나님의 섭리로 일본인과 만남

06년 5월5일 고 국희종 선생 소천 기념집회에서

임중기

국희종 선생님은 일본인과 특별한 만남이 있었습니다. 13세의 소년 시절에 있었던 일들을 아래와 같이 적고 있습니다.

"당시 철도 기관사로 일하시던 친척인 국수안 씨의 권유로 목포산수소학교 일본인이 다니는 고등과 1학년에 편입하였습니다. 편입한 조선학생 일본인들은 반도인이라고 불렀었지만 담임 아다치[安達] 선생은 조선학생을 차별하지 않는 분으로 그 선생님에게 사랑을 받았던 것을 기억하고 있습니다. 고등과 1년을 마칠 무렵 선생은 중일전쟁에 나가시게 되었고 나는 이듬해인 14세 때 서울의 사립중학교인 보성(普成) 중학교에 입학을 하게 되어 서울 생활을 하게 되었습니다."

저는 분명히 말씀드릴 수 있습니다. 이때 1년간의 소년 국희종이 아다치 선생을 만난 것은 하나님의 큰 은혜로 생각합니다. 일년 동안의 배움과 사랑은 국 선생님의 인생의 방향을 설정케 하였던 것으로 생각합니다. 소년 국희종은 아다치 선생님의 차별 없는 사랑에 분명 깊은 감동을 받고 국 선생이 어른이 되면 저렇게 살아야겠다고 다짐을 하셨을 것입니다. 그리하여 결과적으로 행해진 것이 복흥에서 고아와 같은 아이들에게 악수로 반갑게 늘 대하지 않았을까 생각할 수 있습니다. 아이들에게 뿐이 아니라 약하고 병든 자들에게 자신의 부모님을 대하듯 하시고, 여기에 예수 그리스도의 사랑이 더해져 예수 그리스도의 사랑의 꽃을 활짝 피운 것으로 생각합니다.

한국에 무교회 전파과정을 보면 일본에서 유학시절에 內村鑑三 선생님의 강연을 듣고 귀국한 동인 7인이 있었는데 함석헌, 김교신, 송두용 선생 등으로 이 분들이 전도를 받게 되어 무교회인이 되었습니다. 그러나 국희종 선생님은 다른 길을 걸어온 것을 볼 수 있습니다.

우리나라 무교회 원로인 유희세 교수님께서 그간의 광주 모임에 관해서 알려달라는 편지를 국 선생께 보내게 됩니다. 그리하여 국 선생은 "짤막한 글과 나의 편답기 「일본형제에게 보낸 것」을 동봉합니다. 주께서 허락하시면 좀 더 상세히 써 볼까 하고 있습니다."

"광주 무교회 성서 집회에 관해서"

국 선생님이 유희세 교수께 보낸 편지는 아래와 같습니다.

“내가 무교회에 관해서 알게 된 것은 1958년, 아직 군에 몸담고 있던 때입니다. 내가 1945년 8월 15일 해방을 맞은 때의 나이가 20세, 함흥의학전문학교 2학년 때였습니다. 그러한 관계로 일본어 실력은 상당했던 것으로 서울 종로의 기독교 서점에 가끔 들려서 일본어로 된 기독교 관련 서적을 구독했습니다. 그때 야나이하라[矢內原忠雄]이 매월 발행하는《嘉信》지를 읽기 시작해서 선생이 세상을 떠나시던 1961년 12월 25일까지 한 부도 빠짐없이 탐독(耽讀)하게 되었던 것이었습니다. 군에 복무할 당시에는 진해 여좌동 소재의 성결교회(당시 피난민 신자들이 모여서 세운 천막교회)를 모교회로 신생(新生)을 체험 후 줄곧 그곳과 관계를 가져왔었습니다.”

“내가 신앙생활을 제대로 시작한 것은 군복무 때의 진해성결교회에서 였습니다. 그리고 무교회 신앙에 관심을 갖게 된 것은 일본의 야나이하라[矢內原忠雄] 선생의《嘉信》지에서 있습니다. 그 분이 세상을 뜨기까지 만 3년간《嘉信》지의 독자로서 그 분에게서 크게 영향을 받았던 것으로 생각합니다. 군에서 제대 후 이곳 광주에서 박석현 선생을 알게 되었던 것이 그 후의 나의 신앙생활에 큰 전기가 되었던 것으로 압니다.”

국 선생님은 1958년 이전에 이미 신생(新生)을 체험했다고 말씀하고 계십니다. 신생의 체험이란 것은 기독교적으로 말하면 거듭남입니다. 그리스도의 은혜로 다시 태어난 체험을 했다고 이야기 하고 계십니다. 벌써 이때 하늘의 사람으로 살았다고 보아야 할 것입니다. 하늘의 사람의 삶을 세상 사람은 이해할 수 없습니다! 그리하여 집안의 식구들과 신앙적, 정신적 갈등도 있었다고 보입니다.

국희종 선생님은 유희세 교수의 광주 무교회 집회에 대하여 알려달라는 말씀을 광주 모임 정체성을 묻는 것으로 생각하시고, 국 선생님 자신의 신앙 행로를 이야기하고 있습니다. 앞에서 언급이 있었습니다만 함석헌, 김교신, 송두용 선생에게서 무교회를 접하지 않으셨는데 어디에서 무교회를 접했느냐는 것입니다. 국 선생님은 자신의 정체성에 관해서, '군에 있을 때 신생(新生)을 체험했다'고 했습니다. 왜 여기서 신생(新生) 체험 이야기를 하십니까? 그것은 군에 있을 때 야나이하라 선생의 《嘉信》지를 읽었어도, 국 선생님 자신의 신앙은 하나님의 은혜로 하나님 아버지께 받았다고 이야기 하시고 계십니다. 바울 선생의 말을 빌리면, "사람에게서 난 것도 아니요 사람으로 말미암은 것도 아니요 오직 예수 그리스도와 및 죽은 자 가운데서 그리스도를 살리신 하나님 아버지로 말미암아 사도된 바울!" 국희종 선생님 자신의 신앙은 분명히 하나님의 은혜로 하나님께 받았다고, 신생(新生)을 이야기하고 계십니다. 저 자신도 국희종 선생님의 신앙 정체성에 대하여 궁금했습니다. 그런데 유희세 선생의 요청으로, 국 선생님 자신의 정체성에 대하여 이렇게 확실하게 적고 있는 것도 하나님의 섭리로 생각합니다.

이러한 내용을 유희세 선생께서 묻어 두시면 국 선생님의 정체성을 알 수 없었는데, 유희세 선생님께서 저에게 아래와 같이 편지를 주셨습니다.

"임중기님! 국희종 선생님이 저에게 주신 편지가 있어서 보내드립니다. 이 한번의 편지만으로도 국희종 선생님을 연구할 충분한 자료가 될 것 같아 임중기님의 국 선생님 연구에 기대를 걸면서 저 자신의 책임을 회피하고 있습니다. 되지 못한 저의 변명의 하나는 제가 지금 87세 고희를 훨씬 넘고 있다는 사실입니다." 위의 편지를 저에게 보내 주시어 국희종 선생님의 정체성을 올바로 알게 된 것도, 하나님의 섭리로 생각합니다.

국 선생님은 광주의 박석현 선생을 통해서 한국의 무교회를 알게 됩니다. 일본 무교회를 야나이하라 선생을 통해 알고 있을 때에, 광주의 박 선생을 통해서는 한국 무교회를 알게 된 것입니다. 또한 일본의 많은 선생들을 알게 됩니다.

"애양원 생활을 마치고 순창 복흥 지역에 들어가기 전에 잠시 광주에서 지내게 되었을 때, 마침 박석현 선생님이 치질로 고생하시다가 저의 부친이 하고 계셨던 병원을 찾아오셔서 그 때 박석현 선생님과 교제하게 되어, 국내에서는 노평구 선생이 내시는 무교회 잡지인《성서연구》지를 읽게 되고, 일본의 구로사키[黑崎幸吉] 선생이 내시는《영원한 생명(永遠한 生命)》지, 마사이케(政池仁) 선생이 내시는《성서일본(聖書日本)》지를 읽고, 그 후 후지사와 다케요시[藤澤武義] 선생이 내시는 월간지《구도(求道)》지도 읽고, 이 분들이 방한하셨을 때 친히 뵙기도 했던 것이었습니다."

그 중에서도 사토시로[佐藤司郞] 선생을 알게 됩니다. 사토시로 선생은 야나이하라 선생의 신앙 전집 1질을 국희종 선생님께 선물을 하시게 됩니다. 이 신앙 전집 1질을 탐독하시게 됩니다. 탐독으로 끝이 아니고, 전집 29권을 다 옮겨 쓰셨습니다, 그 옮겨 쓴 29여 권이 저에게 있습니다. 참으로 놀라움을 금할 수 없습니다.

그러면 사토시로[佐藤司郞] 선생은 누구인가?

국희종 선생님은 사토시로[佐藤司郞] 선생에 대하여 다음과 같이 적고 있습니다.

"한국 태생으로 일정시대에 한국에서 교사생활을 하셨으며 박석현 선생과 친분이 있는, 그간 일본의 독립학원에서 한국어를 가르치시고 계셨던 사토시로[佐藤司郞] 선생, 그분이 일본에서도 구하기 어려운『야나이하라 전집』29권을 보내주셨던 일, 참으로 그리스도인의 주 안에서의 교제가 하나님 나라의 교제요 얼마나 깊고 아름다운 것인가. 참으로 감탄과 감사가 가슴에 치밀어 오름을 금할 수 없었습니다 이러한 은혜를 받지 못했더라면 평범한 교회 신자로서 장로가 되고, 혹은 직업전도자인 목사가 되었을지도 모릅니다."

한국에서 태어나 경성 사범대를 나온 분으로 교육자입니다. 사범대 졸업 후 교편을 잡고 교육을 하시는 중에 1945년 일본의 패망으로 일본으로 돌아간 분입니다. 그 후에 야나이하라 선생께서 동경대 총장으로 있던 때에 일본의 젊은이들이 특히 교육계의 젊은이들이 모여들었습니다. 야나이하라 선생은 일본 패망 전에 비전론으로 일본에 널리 알려진 터여서 자연히 지각이 있는 교육자들이 모여들게 되었습니다. 야나이하라 선생께 그리스도 복음을 듣고 예수 그리스도를 믿게 된 분이 바로 사토시로 선생입니다. (필자의 생각)

그런데 여기서 주목 할 것은 국 선생님께 직접 간접적으로 신앙으로 영양을 주었던 위의 세 사람은 특별한 공동점이 있습니다. 국희종 선생이 13세 때에 사랑으로 감화를 주었던 아다찌 선생은 지금 90세로 경성사범대를 나왔습니다. 사토시로 선생 역시 90세로 경성사범대를 나왔습니다. 국희종 선생의 정체성을 바로 알게 질문을 하셨던 유희세 선생 역시 88세로 경성사범대를 나왔습니다. 위의 세 사람의 삶이 하나님의 섭리로 된 것으로 생각해 봅니다.

국희종 선생님 본향으로 가심

1999년 5월 8일 국 선생은 본향으로 가십니다. 그리하여 《聖書信愛》에서는 특집기사로 국 선생님 본향에 가심을 알리게 됩니다. 그 《성서신애》지 특집기사 중 「내가 걸어온 길」이란 제목의 기사를, 일본의 사토시로 선생이 보게 됩니다. 사토시로 선생은 그 특집기사에서 놀라운 사실을 발견하게 되는데 국희종 선생님이 13세의 소년 때에 목포산수소학교 담임이 바로 아다치 선생이란 것을 알게 됩니다. 사토시로 선생은 아다치 선생과 경성 사범대 동기이며 둘도 없는 친구였다고 하였습니다. 특집기사를 본 사토시로 선생은 국 선생님이 살아 있을 때에 그 사실을 알았으면 얼마나 좋았을까 하였답니다. 그토록 신앙적으로 가까워서 자신의 스승인 야나이하라 선생의 전집을 선물 할 정도로 신앙적으로 하나가 되어있던 분, 국 선생님이 바로 자신의 친구이며 경성 사범대의 동기인 아다치 선생의 제자였다는 사실에 무한한 감사와 기쁨을 준 친구이며 동기였다고 생각할 때에 더욱 그리하였을 것입니다.

그 후 2001년 10월 제 자신이 일본 무교회 내에 있는 일한청년우화회(日韓青年友和會)의 초청으로 일본을 방문하게 됩니다. 일본청년우화회에서는 지난날의 일본이 한국에 행한 일들을 반성, 용서를 빌고, 한국 기독교, 특히 무교회 식구들과 잘 지내기 위해서 일년에 두 사람씩 초청하여 사죄의 뜻을 전하는데 제가 그 7번째로 인천의 송문호 선생과 공식 초청되어 일본에 가게 되었습니다. 나의 소개서를 2001년 5월에 보내 달라 해서 특별히 소개 할 것이 없어, 내가 10살 때에 국희종 선생을 만나 신앙을 배우고 25살에 회심을 체험하고 그후에 1975년 25살 때부터 국희종 선생님을 스승으로 생각하고 있다고 소개를 했습니다.

이 소개서는 일본《日韓青年友和會》회지 7월호에 기사화 되었고, 그 기사를 독립학교에서 한국어를 가르치시는 사토시로 선생님이 보시게 되지요, 그간에 국 선생님이 살아있을 때에 아다치 선생이 자신의 친구란 것을 알았으면 국 선생님과 더욱 가까이 지낼 수 있었는데 그럴 수 없었던 사토시로 선생님은 국 선생님의 제자가 일본 무교회의 초청으로 일본에 온다는 기사를 접하고 국 선생님이 일본에 온 것 같이 반갑게 생각했다고 하였습니다.

2001년 10월, 자신이 일본 무교회의 초청으로 일본에 가 그리스도교 독립학교에서 꿈에서도 상상치 못할 큰 환영을 받았습니다. 그리고 사토시로 선생과 공식 면담이 있었습니다. 이 면담은 서울에서부터 약속하여 이루어져 공식 이란 말을 쓰게 된 것입니다. 사토시로 선생께 면담을 요청한 것은 국희종 선생님과 관계에 대하여 자세히 알고자 입니다.

면담을 통해 아다치 선생님이 사토시로 선생님과 동기이며 둘도 없는 친구였다는 것을 처음으로 알게 되었습니다. 그리고 사토시로 선생을 통해 국 선생님이 일본의 기라성 같은 야나이하라 선생의 제자들과 깊은 교류가 있다는 것을 알게 되었습니다. 그 중에서도 사토시로 선생과 오사카에 있는 山田 章博, 渼子 선생 부처와 참 신앙적인 이해와 동지적인 교감이 있었지 않았나 생각하게 되었습니다.

제가 일본 방문 때 갔던 그리스도교 독립학교 도서관, 애진 독립학교 도서관, 그리고 일본 무교회의 산실이라고 할 수 있는, 우찌무라 간조[內村鑑三] 선생(先生)이 일생 성서 강연을 하였던 곳이 지금은 이마이강[今井館] 도서관으로 되어 있어, 국희종 선생님의 책을 소장하고 있습니다. 그리고 오사카에 있는 山田 章博, 渼子 선생 부처에게도 책을 보내 드리고 있습니다. 또한 아다치[安達] 선생이 지금도 일본에 생존해 있습니다. 아다치 선생에게 국 선생님이 쓴 글이 담긴 책을 보내 드렸습니다. 아다치 선생님이 연로 하시어 답은 주시지 않으셨으나 분명 기뻐하셨을 것으로 생각합니다.

저는 분명히 말할 수 있습니다. 국 선생님이 유년시절 아다치 선생님께 사랑을 받은 것, 야나이하라 선생의 《嘉信》을 탐독하셨던 일, 일본 무교회 신앙잡지 주필 선생님과 교제, 사토시로 선생님이 야나이하라 선생의 전집 선물, 부족한 제가 일본 무교회의 초청을 받아 일본에 가 일본 무교회의 산실이라고 할 수 있는 이마이강[今井館] 도서관에 국희종 선생님 책 기증 등은 이것이 하나님의 섭리로 된 것이라고 저는 확신한 것입니다. 감사합니다.

참 그리스도인 국희종 선생을 바라보다

2020년 5월 1일 인쇄
2020년 5월 5일 발행

엮은이 | 임 중 기
펴낸이 | 강 경 호
인쇄·기획 | 도서출판 시와사람
등 록 | 1994년 6월 10일 제 05-01-0155호
주 소 | 광주시 동구 양림로119번길 21-1(학동)
전 화 | (062)224-5319
팩 스 | (062)225-5319
E-mail | jcapoet@hanmail.net

ISBN 978-89-5665-560-4 03230

값 10,000원